钢结构桥梁

GANGJIEGOU QIAOLIANG GUANLI YU YANGHU SHOUCE

管理与养护手册

重庆市城市建设投资（集团）有限公司　编著
重庆市城投路桥管理有限公司

重庆大学出版社

图书在版编目(CIP)数据

钢结构桥梁管理与养护手册 / 重庆市城市建设投资(集团)有限公司,重庆市城投路桥管理有限公司编著
. -- 重庆:重庆大学出版社,2022.4
ISBN 978-7-5689-3216-5

Ⅰ.①钢… Ⅱ.①重… ②重… Ⅲ.①钢桥 – 保养 – 技术手册 Ⅳ.①U448.36-62

中国版本图书馆 CIP 数据核字(2022)第 054297 号

钢结构桥梁管理与养护手册
GANGJIEGOU QIAOLIANG GUANLI YU YANGHU SHOUCE
重庆市城市建设投资(集团)有限公司
重庆市城投路桥管理有限公司　编著

责任编辑　肖乾泉
版式设计　肖乾泉
责任校对　王　倩
责任印制　赵　晟
出　　版　重庆大学出版社出版发行
　　　　　出版人:饶帮华
　　　　　社址:重庆市沙坪坝区大学城西路21号
　　　　　邮编:401331
　　　　　电话:(023) 88617190　88617185(中小学)
　　　　　传真:(023) 88617186　88617166
　　　　　网址:http://www.cqup.com.cn
　　　　　邮箱:fxk@cqup.com.cn(营销中心)
发　　行　全国新华书店经销
印　　刷　重庆长虹印务有限公司
开　　本　787mm×1092mm　1/16
印　　张　11.75
字　　数　200千
版　　次　2022年4月第1版
印　　次　2022年4月第1次印刷
书　　号　ISBN 978-7-5689-3216-5
定　　价　49.00元

《钢结构桥梁管理与养护手册》
编辑委员会

编辑部

序

美丽、富饶、广袤的华夏大地，崇山峻岭层峦叠嶂，江河湖海星罗棋布，长江黄河水、五千春秋土，养育华夏人、塑造民族魂。这既馈赠了中华民族，也考验了中华民族。五千年来，中华民族披荆斩棘、百折不挠，从未放弃过在这片热土跨沟壑、越天堑的探索。尤其是在建设社会主义现代化强国之路上，勤劳勇敢的中国人民创造了无数举世瞩目、令人惊叹的大桥工程。我国桥梁数量已是世界任何国家的数倍有余，稳居世界第一！

在我国桥梁建设发展史中，钢结构桥梁占据着重要的地位，因其具有跨径大、质量优、建设快等优点，在当下快建、美建、便建等新建造需求下，迅猛发展，成为未来桥梁发展的新趋势。钢结构桥梁已成为桥梁家族中的生力军。因此，管理好、养护好钢结构桥梁，既是新时代桥梁管养领域的客观需要，更是经济高质量发展的客观需求，是桥梁管养同行必须悉心研究的问题！

重庆市城市建设投资（集团）有限公司全资子公司重庆市城投路桥管理有限公司（以下简称"城投路桥"）自 2002 年成立以来，经过 20 年的发展，管养了重庆主城区 14 座特大型跨江大桥，管辖资产超过 500 亿元，不但在"桥都"重庆首屈一指，在西南地区乃至全国，也是一流的桥梁管理维护企业。城投路桥管养的众多桥梁中，有一大批具有行业影响力的钢结构桥梁，有"建时世界第一跨"的朝天门长江大桥、"重庆公路第一桥"50 余年桥龄的牛角沱嘉陵江大桥、"公轨共用跨度世界第一"的重庆两江大桥"双子桥"等。依托于得天独厚的管养条件、常年丰富的管养实践，城投路桥在管养理念、方法等方面不断探索、提高，总结多年管养经验，组织一批技术实力顶尖、管养经验丰富的桥梁管养工作者，精心编写了本书。

这是一本钢结构桥梁管养规范性企业标准，详细介绍了钢结构桥梁管理、检查、保养、维护等内容，重点突出了对现行钢结构桥梁检查、保养、维护相关规范要求的补充完善以及深化、细化的内容,对指导钢结构桥梁的规范、有效管养具有重要参考价值。

"交通强国"战略是我国全面建设社会主义现代化强国的基本战略。在党的十九届五中全会上,党中央立足现实、直面变局、着眼长远,赋予了交通基础设施建设现代化经济体系先行领域的地位。我们相信,在党和国家"十四五"规划启航、"万众创新"时代号召下,钢结构桥梁的建设发展正如火如荼,其管养也会迎来新的发展进步。

本书的出版发行,将为钢结构桥梁管养事业的持续发展再立新功!

前　言

近年来,各类型钢结构跨江大桥横空出世,数量急剧增加,由于其具有跨越能力大、抗震性强、结构整体性好等优势,现已成为桥梁设计、建设的主流方向。钢结构桥梁在运营期间的技术与安全状态与诸多因素有关,其中,管理和养护工作质量至关重要,尤其是设计或施工本身存在一定缺陷的钢结构桥梁更需要精心呵护。虽然《城市桥梁养护技术标准》(CJJ 99—2017)已对钢结构桥梁养护进行了通用性规定,但因其内容宽泛,其有效性和可操作性仍显不够。为了确保钢结构桥梁能够得到有效管养,确保桥梁的安全与完好,在《城市桥梁养护技术标准》(CJJ 99—2017)要求的基础上,结合重庆市城投路桥管理有限公司所辖朝天门长江大桥、牛角沱嘉陵江大桥、东水门长江大桥、千厮门嘉陵江大桥等钢结构桥梁的管理经验,编制本手册。

本手册编制思路:

以《城市桥梁养护技术标准》(CJJ 99—2017)为基础,结合钢结构桥梁管养实践经验总结,细化完善形成手册。对管养单位技术、管理人员由公司自行承担的工作,做到工作内容清楚(有哪些工作要做)、工作思路清晰(工作开展的程序)、管理有章可循、技术有案可鉴、问题有径可诉、结果有据可查,使管养单位做到管养内容明了、验收内容清楚、验收方法明确、结果处理要求具体。

本手册重点章节及内容要点:

(1)检查与评估,解决按期检测(查)、识别病害、分析病因、结果报告的问题。内容要点包括一般规定、钢结构桥梁检查(其中包含初始检查、日常检查和周期性检查)、钢结构桥梁检测(包含常规定期检测、结构定期检测和专项检测)、变形观测、技术状况评估。

(2)钢结构桥梁养护,包括通用设施的养护、各类型钢结构桥梁特有设施的养护、针对钢结构构件的预防性养护。

(3)养护工程及工艺,结合牛角沱嘉陵江大桥、朝天门长江大桥、菜园坝长江大桥等钢结构桥梁的管养经验,总结并提炼钢结构桥梁养护工程重、难点以及常用的病害处置和构件工艺。

（4）养护管理，规定了管养机构的设立条件和内容，明确了安全防控的重点，强调了应急预案管理的具体要求，详细叙述了养护工程的管理流程。

（5）桥梁智慧化管理，在现行标准基础上，将现代科技手段、智能化管理平台与桥梁管养工作进行结合。

本手册各章节编制分工如下：

第 1 章概述由李政、张卢喻、蒲登科编制；

第 2 章钢结构桥梁的检查与检测评估由李政、张卢喻、黄俊松、湛洪编制；

第 3 章钢结构桥梁养护由李政、黄俊松、罗本宗、唐中浪、全庭庭、黄建华编制；

第 4 章常见养护工程工艺及验收由黄俊松、全庭庭、罗本宗、常程编制；

第 5 章钢结构桥梁管养机构由李政、蒲登科编制；

第 6 章安全防控管理由李政、黄建华编制；

第 7 章钢结构桥梁应急预案管理由李政、唐中浪编制；

第 8 章钢结构桥梁养护工程管理由李政、颜申编制；

第 9 章桥梁智慧化管理由李政、唐曾林编制。

目 录

上篇 技术篇

1 概述 2

  1.1 钢结构桥梁发展历程 2

  1.2 钢结构组合桥梁类型及特点 3

  1.3 钢结构桥梁养护目的及意义 7

2 钢结构桥梁的检查与检测评估 9

  2.1 一般规定 9

  2.2 钢结构桥梁检查 10

  2.3 钢结构桥梁检测 12

  2.4 钢结构桥梁变形观测 15

  2.5 钢结构桥梁技术状况评定 16

3 钢结构桥梁养护 17

  3.1 通用设施检查 17

  3.2 各类型桥梁特有设施 37

  3.3 预防性养护 41

4 常见养护工程工艺及验收 52

  4.1 钢结构涂装 52

  4.2 钢桥面板更换 58

4.3 高强螺栓养护及更换 ·· 66

4.4 铆钉养护与更换 ·· 72

4.5 索结构更换 ··· 87

4.6 支座更换 ··· 89

4.7 伸缩缝更换 ··· 93

4.8 阻尼器维修及更换 ·· 96

4.9 主缆锚室病害处置 ·· 99

4.10 钢桥面沥青混凝土养护及维修 ······································ 104

4.11 杆件加固及更换 ··· 108

4.12 附属设施维修 ··· 112

下篇 管理篇

5 钢结构桥梁管养机构 ··· 117

5.1 设置管养机构的目的和意义 ·· 117

5.2 管养机构部门设置及职责 ··· 117

6 安全防控管理 ·· 126

6.1 安全保护区管理 ··· 126

6.2 安保管理 ·· 133

6.3 外单位施工管理 ··· 134

7 钢结构桥梁应急预案管理 ·· 137

7.1 应急预案编制概况 ··· 137

7.2 应急组织机构及职责 ··· 138

7.3 善后处置 ·· 144

7.4 培训和演习 ·· 145

7.5 预案管理 ·· 145

7.6 超重车辆管理 ··· 146

8　钢结构桥梁养护工程管理 ································ 148

8.1　养护计划管理 ···································· 148

8.2　建设程序管理 ···································· 150

8.3　工程实施管理 ···································· 154

9　桥梁智慧化管理 ···································· 172

9.1　智能化系统日常管理与维护 ···················· 173

9.2　智能化系统管理 ·································· 173

上篇 技术篇

1 概 述

1.1 钢结构桥梁发展历程

中国是世界上最早用铁建造结构的国家之一。明朝《南诏野史》记载,东汉明帝(公元58—75年)在云南省景东地区的澜沧江上建有兰津桥;在清朝《小方壶斋舆地丛钞(云南考略)》中也有同样记载。现存最早的铁桥为云南省永平县与保山市之间跨越澜沧江的霁虹桥(图1.1),建于明朝成化年间(公元1465—1487年),桥总长1 134 m,净跨573 m,宽37 m,底部有16根承重铁链(现存14根)。四川省泸定县大渡河上的泸定桥(图1.2),净跨100 m,宽27 m,建成于清朝康熙四十五年(公元1706年)。此外,还有许多纪念性建筑,如始建于北宋嘉祐年间(公元1061年)、位于湖北省当阳县(今湖北省当阳市)境内的玉泉寺铁塔,塔身13层,高17.9 m和始建于北宋崇宁年间(公元1105年)、位于山东省济宁市境内的崇觉寺铁塔,塔身11层,高23.8 m。这些都代表了中国古代冶金和营造技术的水平。

图1.1 霁虹桥

图 1.2　泸定桥

在西方国家,第一座完全用铸铁建造的桥梁于 1779 年出现在英国什罗普郡(图 1.3),跨度 30.5 m。18 世纪 60 年代,工业革命兴起,冶金技术和建筑事业随之发展,出现了生熟铁组合结构。19 世纪二三十年代出现了铆钉连接,50 年代和 60 年代相继发明转炉和平炉冶炼工艺。随着轧制型材的使用,钢铁结构应用范围不断扩大,在结构体系、跨度和高度方面都有较大发展,如巴黎埃菲尔铁塔。

图 1.3　英国大铁桥

20 世纪以来,随着钢材品种的增加,钢构件加工技术、桥梁施工水平的快速发展,计算理论和设计规范有了很大的提升,使钢结构在工业与民用建筑以及其他工程结构中得到更广泛的应用。

1.2　钢结构组合桥梁类型及特点

1.2.1　钢结构组合桥梁类型

常见钢结构组合桥梁如表 1.1 所示。

表 1.1　常见钢结构组合桥梁一览表

序号	名称	形式	特点	示图	备注
1	组合钢板梁桥	钢板梁 + 混凝土桥面板	抗弯刚度增大		Hopital 桥(法国,1990 年完成),4 跨连续组合钢板梁桥,最大跨度为64 m
2	组合钢箱梁桥	槽形截面钢箱梁 + 混凝土桥面板	抗弯、扭刚度增大,自重减轻,预应力能有效施加		Bois de Rosset 桥(瑞士,1991 年完成),跨径组合为 23 m +34.2 m + 11 ×42.75 m +51.3 m +38.5 m
3	组合桁架桥	钢桁架腹杆 + 混凝土上下翼缘板	抗弯刚度增大,省去上下弦杆,施工难度加大		Kinokawa 桥(日本,2019 年完成),4 跨连续组合桁架桥,最大跨度为 85 m,全长 268 m

4	组合刚构桥	钢箱梁＋混凝土墩	省去支座，负弯矩区性能改善，抗震性能提高，悬臂施工法能够使用	阿古耶桥（日本，1997年完成），3跨连续刚构桥，跨径组合为36 m＋36 m＋36 m，钢板梁与混凝土固结
5	混合梁桥	钢梁＋混凝土梁	跨度增大，连接较难处理	新川桥（日本，2000年完成），5跨连续混合梁桥，跨径组合为39.2 m＋40.0 m＋118.0 m＋39.2 m＋40.0 m，中跨用钢箱梁
6	组合拱桥	钢管混凝土拱	施工容易，无钢材维护的问题	雁滩黄河大桥（中国，2003年完成），全长816 m，三跨连续混凝土钢管，钢架系杆拱桥，跨径组合为18×25 m＋（87 m＋127 m＋87 m）＋2×50 m

序号	名称	形式	特点	示图	备注
7	组合梁斜拉桥	钢梁＋钢筋混凝土预制板	抗弯刚度增大，塔墩附近加劲梁抗压性能提高		杨浦大桥（中国，1993 年完成），全长 8 354 m，主桥长 1 172 m，跨径组合为 40 m＋99 m＋144 m＋602 m＋144 m＋99 m＋44 m
8	组合塔斜拉桥	三塔两跨悬索桥（钢主塔＋混凝土基础）	非漂移结构体系与钢-混叠合中塔，提高了中塔顶鞍槽内主缆的抗滑稳定安全系数		马鞍山长江大桥（中国，2013 年完成），左汊桥为三塔两跨悬索桥，主桥长 2 880 m，跨径组合为 360 m＋2×1 080 m＋360 m

1.2.2　钢结构组合桥梁优点

（1）跨越能力大

由于钢材的强度较高,在相同的承载能力条件下与混凝土桥梁相比,钢桥构件的截面较小,所以钢桥的自重较轻,在建造大跨度桥梁时优势明显。

（2）适合工业化制造

钢桥构件一般都在专业化的工厂由专用设备加工制造而成,其建造基本不受时间和环境条件限制,具有加工制造速度快、精度高、质量容易得到控制等特点,因而工业化制造和装配式应用程度高。

（3）便于运输

钢桥构件自重较轻、加工精度高,可实现对模块的工厂制造、现场拼装等工艺要求,在交通不便的山区和丘陵城市便于运输。

（4）安装速度快

钢桥构件便于用悬臂施工法进行现场拼装,有成套的设备可用,拼装工艺成熟,后期现场施工效率较高。

（5）钢桥构件便于修复和更换

相对于混凝土桥梁而言,钢桥构件在制造、预拼装、现场安装、施工监控等环节精度较高,可以实现批量生产。在后期使用过程中,对病害构件可进行现场修复和局部更换,其过程对大桥整体运营影响较小。

1.2.3　钢结构组合桥梁缺点

①钢结构组合桥梁在使用过程中易出现钢材锈蚀,其防腐涂层的寿命有限,故在后期使用过程中的养护费用较高。

②钢结构组合桥梁相比混凝土桥梁,荷载通过时现场噪声较大,在城市核心区和居住密集区修建时应做好降噪措施。

1.3　钢结构桥梁养护目的及意义

城市桥梁作为城市路网的重要组成部分,已被越来越多的城市管理者所重视。其中,钢结构桥梁在跨越江河、沟谷和立体交叉施工中表现更为突出,大量钢结构桥梁的建设不仅有效改善了城市的交通,同时也有效促进了社会经济发展和人们生活水平的提高。

　　由于钢结构桥梁在设计、使用、管养方面的特殊性,须在使用过程中加强管理与养护工作,确保桥梁的钢结构、附属结构和交通安全等设施完好有效,运用现代科技手段对运营期间产生的病害缺陷及时进行整治,保持桥梁正常使用功能,保障桥梁安全畅通运营,维持优美的桥梁景观,确保桥梁使用寿命,发挥城市桥梁对促进社会经济、生产发展应有的作用。

2 钢结构桥梁的检查与检测评估

2.1 一般规定

①钢结构桥梁应按要求进行初始检查、日常巡查、周期性检查、定期检测,必要时应进行专项检查。

②钢结构桥梁按单孔跨径或多孔跨径总长分为特大桥、大桥、中桥、小桥,分类标准见表2.1。

表2.1 钢结构桥梁分类标准

钢结构桥梁分类	多孔跨径总长 $L(m)$	单孔跨径 $L_K(m)$
特大桥	$L > 1\,000$	$L_K \geq 150$
大桥	$100 \leq L \leq 1\,000$	$40 \leq L_K \leq 150$
中桥	$30 < L < 100$	$20 \leq L_K < 40$
小桥	$8 \leq L \leq 30$	$5 \leq L_K < 20$

③钢结构桥梁应根据养护类别、养护等级和技术状况级别进行养护,分别确定养护对策。

a.管理单位要根据所管桥梁在道路系统中的地位,逐座确定养护类别。养护类别宜分为5类:

- Ⅰ类养护——单孔跨径大于100 m的桥梁及特殊结构的桥梁;
- Ⅱ类养护——高速公路或快速公路上的桥梁;
- Ⅲ类养护——主干路上的桥梁;
- Ⅳ类养护——次干路上的桥梁;
- Ⅴ类养护——支路和街坊路上的桥梁。

b.桥梁技术状况应根据完好状态、结构状况等级综合评定,针对不同养护类别和技术状况等级划分确定各桥梁养护对策。每进行一次综合评定后,要及时确定养护对策并开展养护工作。

2.2 钢结构桥梁检查

2.2.1 初始检查

①新建、改扩建或重大加固后,桥梁应进行初始检查。初始检查宜与交工验收同时进行,最迟不得超过交付使用后一年。

②初始检查应包含下列内容:

a. 定期检测包含的内容。

b. 测量桥梁长度、桥宽、净空、跨径、线形、标高、坐标等;测量主要承重构件尺寸,包括构件的长度、截面尺寸、钢板厚度、焊缝外形尺寸等;测定桥面铺装层厚度。

c. 静载试验测试桥梁结构控制截面的应力、应变、挠度等静力参数,计算结构校验系数;动载试验测定桥梁结构的基频、振型、冲击系数、阻尼比等动力参数。

• 检测钢结构焊缝的裂纹、防腐涂层厚度、高强螺栓的扭矩。

• 量测拱桥吊杆、斜拉索索力。

• 检测钢管混凝土构件的钢管脱空状况。

• 检查防落梁装置、检修平台、防船撞装置等附属结构。

• 当有水下基础时,水下基础应进行水下检测。

• 当交、竣工验收资料中已经包含上述检查项目或参数的实测数据时,可直接引用。

③初始检查后应提交初始检查报告,并包含下列内容:

a. 桥梁基本状况卡片、桥梁初始检查记录表、桥梁技术状况评定表。

b. 典型缺损和病害的照片、文字说明及缺损分布图。缺损状况的描述应采用专业标准术语,说明缺损的部位、类型、性质、范围、数量和程度等。

c. 3 张总体照片:1 张桥面正面照片,2 张桥梁两侧立面照片。桥梁改扩建后应重新拍照,并标注清楚。

d. 提出养护建议和长期养护计划。

2.2.2 日常巡查

①养护检查等级为Ⅰ、Ⅱ级的桥梁,日常巡查频率应为1次/天;养护检查等级为Ⅲ级的桥梁,日常巡查频率为每周不应少于1次。恶劣天气条件下,应增加日常巡查频率。

②日常巡查以乘车为主,辅助结合视频监控系统进行,并应做好巡查记录。记录内容应包括各项检查的异常情况、一般性判定以及处理措施建议等。

③日常巡查内容可参考《城市桥梁养护技术标准》(CJJ 99—2017)执行,至少应包括下列内容:

a. 桥路连接处是否异常;

b. 桥面铺装、伸缩缝是否有明显破损;

c. 栏杆或护栏等有无明显缺损;

d. 标志、标线、标牌是否完好;

e. 桥梁线形是否存在明显异常;

f. 桥梁结构是否存在异常振动;

g. 桥面排水是否顺畅。

④日常巡查应对桥面及以上部分的构件缺损及结构异常变位或振动情况进行判定,发现明显缺损或结构异常变位、振动,影响车辆和行人安全时,应立即设置警示标志,并及时上报。对难以判定缺损原因及程度的桥梁,应提出开展定期检查或专项检查的建议。

2.2.3 周期性检查

①根据不同的结构形式和材料特点,对桥梁重点设施进行周期性检查。

②周期性检查的频率应符合下列规定:

a. 养护检查等级为Ⅰ级的桥梁,每月不应少于1次;

b. 养护检查等级为Ⅱ级的桥梁,每3个月不应少于1次;

c. 养护检查等级为Ⅲ级的桥梁,每半年不应少于1次;

d. 在汛期、台风、冰冻等自然灾害频发期,应提高周期性检查频率;

e. 养护检查等级为Ⅱ、Ⅲ级的桥梁,如在定期检查中发现存在4类构件,加固处置前应提高周期性检查频率。

③周期性检查应以抵近检查为主,可采用目测与仪器和工具量测相结合的方法。

④特大桥梁检查宜采用自动化、智能化检测与人工检查相结合的手段。

⑤周期性检查应包括下列内容:

a. 外观是否整洁,有无杂物堆积、杂草蔓生;构件表面涂层是否完好,有无损坏、老化、开裂、起皮、锈迹。

b. 桥面铺装是否平整,有无裂缝、坑槽、积水、雍包等。

c. 桥梁结构有无异常变形,混凝土结构有无裂缝、脱落、破损等。

d. 钢构件螺栓或铆钉有无缺失、损坏或松动等,适当检查确认焊缝有无开裂,支座和伸缩缝能否正常工作,有无异常变形、损坏、卡死等现象。

e. 拉索、吊杆、系杆、体外预应力索等索结构锚固区的密封设施是否完好,有无积水或渗水痕迹。

f. 除湿系统、检修通道、检查车、防撞设施、监测系统外场设备等桥梁其他附属设施是否完好、能否正常工作。

g. 变形观测基准点是否完好。

⑥周期性检查时应现场填写"周期性检查记录表",对缺损情况应记录或摄像。记录应包括各类破损情况的详细描述、一般性判定、养护措施或进一步检查的建议等。

⑦周期性检查结果判定为一般异常情况时,应进行日常养护;判定为严重异常情况时,应及时上报,进行修复养护。对难以判定缺损原因及程度的桥梁,应提出开展定期检查或专项检查的建议。

2.3　钢结构桥梁检测

钢结构桥梁检测主要分为 3 类,分别为常规定期检测、结构定期检测、专项检查。

2.3.1　常规定期检测

①常规定期检测应每年一次,可根据桥梁实际运行状况和结构类型、周边环境等适当增加检测次数。

②常规定期检测宜以目测为主,并应配备照相机、焊缝观测仪、探查工具及

现场的辅助器材与设备等必要的量测仪器。

③常规定期检测宜由相应资质的专业单位承担,并应对每座桥梁制订相应的定期检测计划与实施方案。管养机构应由专职桥梁养护工程技术人员或实践经验丰富的桥梁工程技术人员负责配合、监督。

④桥梁常规定期检测除满足现行规范要求外,还应包括下列内容:

a. 钢构件涂层缺损情况;

b. 钢构件锈蚀、裂纹(缝)、变形、局部损伤情况;

c. 焊缝开裂或脱开情况;

d. 锚栓(铆钉)缺损情况;

e. 钢构件积水、渗水情况;

f. 钢梁与混凝土结构剪切错位情况;

g. 钢箱梁内部湿度、除湿系统运营情况;

h. 检修通道、悬挂式桥梁检查车及升降机、防撞设施等附属设施运营情况;

i. 钢构件线形情况。

2.3.2　结构定期检测

①结构定期检测宜根据桥梁养护类别开展实施,Ⅰ类养护的钢结构桥梁结构定期检测宜3年1次,Ⅱ类、Ⅲ类养护的钢结构桥梁宜5年1次。

②结构定期检测应由具有相应资质的专业单位承担,并应根据桥龄、交通量、车辆载重、桥梁使用历史、已有技术评定、自然环境以及桥梁临时封闭的社会影响制订相应的结构定期检测计划。结构定期检测计划应包括采用的测试技术与组织方案,并提交主管部门批准审批。

③Ⅰ类养护的城市桥梁结构定期检测应根据桥梁检测技术方案和细节分组,并加以标识;Ⅱ~Ⅲ类养护的城市桥梁结构定期检测应包括桥梁结构中所有构件。

④结构定期检测应包括下列内容:

a. 查阅历次检查报告和常规定期检测中提出的建议;

b. 根据常规定期检测中桥梁状况评定结果,进行桥梁线形、墩柱沉降及结构构件的检测;

c. 通过试验确认材料特性、退化的程度和退化的性质;

d. 对桥梁进行结构验算,包括承载力检算、稳定性检算和刚度验算;

e. 分析确定退化的原因,以及对结构性能和耐久性的影响;

f. 对可能影响结构正常工作的构件,评价其在下一次检查之前的退化情况;

g. 检测桥梁的淤积、冲刷等现象,以及水位记录;

h. 必要时,进行荷载试验和分析评估,城市桥梁的荷载试验评估应按有关标准进行;

i. 通过综合检查评定,确定具有潜在退化可能的桥梁构件,提出相应的养护措施。

2.3.3 专项检查

①专项检查是在特定情况下对桥梁特定构件采取的专门检查评定工作。下列情况应做专项检查:

a. 日常巡查、经常检查或定期检查后,需要进一步做专项检查时;

b. 桥梁在遭受突发自然灾害或事故灾害后,需要进一步做专项检查时;

c. 桥梁评定分析水下基础存在问题时,应进行专项检查,且应同时检查相应的防撞设施;

d. 桥梁使用环境发生较大变化时;

e. 因工程需要,拟改变桥梁原设计使用条件时;

f. 在桥梁实施重大加固或改造工程后,有必要进行专项检查时。

②实施专项检查前,应准备下列资料:

a. 桥梁的设计资料、变更资料、竣工资料、施工及监理相关资料等;

b. 桥梁的日常巡查、经常检查、定期检查及其他相关检查资料;

c. 桥梁以往的养护、维修及加固资料;

d. 其他专项检查需要的资料等。

③实施专项检查前,应根据检查工作的需要,制订专项检查实施方案,并在上报主管部门评审批复后方可实施。

④专项检查应根据检测对象、检测目的,采用专用仪器设备进行现场测试或实施其他辅助试验。必要时,应进行检算分析或模型试验,并形成专项检查评定报告。

⑤桥梁钢构件专项检查的主要内容有:

a. 钢质材料的物理、化学性能及退化(劣化)程度的测试鉴定;

b. 钢构件防腐蚀、防火等保护涂层的检查;

c. 钢构件节点的检查,包括螺栓(铆钉)的破损和松动、节点板及焊缝的开裂、节点板的变形等;

d. 钢结构拱桥的吊杆(系杆)检查、索的检查;

e. 桥梁钢构件专项检查评定主要包括强度、刚度、稳定性、动力性能、抗疲劳性能、耐久性等方面。

⑥专项检查后应提交专项检查报告,一般应包含下列内容:

a. 更新后的桥梁基本状况信息;

b. 专项检查的总体情况概述,包括桥梁的基本情况、检查的原因和目的、检查的依据以及工作的时间、过程、组织等;

c. 现场调查的内容、检查与试验的项目及方法;

d. 检查对象的状况描述、损伤的原因分析;

e. 检查对象的评定结果;

f. 检查对象的养护、维修、加固或改建的相关建议。

2.4 钢结构桥梁变形观测

①Ⅰ类钢结构桥梁宜每年开展 1 次变形观测,宜在当年气温最高或最低的时段开展;Ⅱ类钢结构桥梁宜每 3 年开展 1 次变形观测;Ⅲ类钢结构桥梁宜每 5 年开展 1 次变形观测。

②钢结构桥梁变形观测主要是对整体桥梁线形、平面位移、桥墩垂直度及沉降进行全面测量。

③新建钢结构桥梁的变形观测点位布置宜与桥梁建设同步实施。

④开展变形观测应明确以下要求:

a. 观测坐标体系的选取;

b. 变形观测精度等级确定;

c. 变形观测基准点及观测点位是否完好;

d. 观测深度要求;

e. 原始数据留存要求。

⑤变形观测报告应符合以下要求:

a. 变形观测报告结论及数据必须真实、准确、完整,应特别注明异常数据;

b. 每期变形观测数据必须与往期同类数据做出对比,并形成表格及发展趋势图,对缺失点位的变形情况要与周边点位观测数据协同分析;

c. 观测报告须达到国家现行有关安全性检测、评估的标准和规范要求。

2.5 钢结构桥梁技术状况评定

①桥梁评定应按照现行相关规范执行,并委托相应资质的专业单位承担。

②桥梁应根据检查类型开展相应的评定工作。根据评分标准、加权得分和等级区间,定量反映桥梁总体技术状况由好到差的等级定位。

③钢结构桥梁的适应性评定可根据需要进行。评定工作可与定期检查、专项检查结合进行。适应性评定主要包括承载能力评定、通行能力评定、耐久性评定、抗灾害能力评定。

a. 承载能力评定主要包括强度、刚度、稳定性、动力性能(冲击系数、阻尼比、振型等)、抗疲劳性能等方面;

b. 耐久性评定主要可从材料耐久性和耐久性构造两方面进行;

c. 通行能力评定主要可参考桥位处的路网交通量调查评估报告等相关资料进行;

d. 抗灾害能力评定应按照现行规范执行。

3 钢结构桥梁养护

钢结构桥梁养护的主要任务是通过检查及时发现设施病害,准确制订切实可行的维护(预防性养护)方案,组织实施维护工程,尽可能地提高设施使用寿命,确保钢结构桥梁服役期间的安全运营。本章围绕主要任务的要求,结合相关规范及国内外先进管养经验,介绍设施检查、预防性养护等。

①钢结构桥梁应定期进行涂装防锈。油漆失效区域应及时除锈补漆。钢结构杆件在维修后,应及时涂漆防锈。

②构件连接螺栓有松动、缺失时,应及时拧紧、补充。对于高强螺栓,必须施加设计的预加力。

③钢构件出现裂纹或异常变形时,应进行特殊检查评定,并及时加固处治。

④应及时更换松动和损坏的铆钉。更换过的铆钉在检验之后,均应涂上与桥梁结构显著不同的颜色,并记录其数量和位置。

⑤对于焊接连接的构件,焊缝处发现裂纹、气孔、未熔合、夹渣、未填满、弧坑等缺陷时,应进行返修焊,焊后的焊缝应打磨匀顺。

⑥钢板梁由于穿孔或破裂削弱断面时,可补贴钢板或用钢夹板夹紧处理。钢板受到较短和较深的创伤时,宜用电焊填补。

⑦钢桁梁可采用增补钢板、角钢或槽钢等方法进行维修。连接方式可采用栓接或焊接。

⑧连接杆件有损坏或强度不足时,应及时维修或更换。

3.1 通用设施检查

通用设施是指各类型钢结构桥梁均有可能存在的设施,其中上部结构为钢桁梁、钢箱梁等,下部结构为钢桥墩、钢塔柱等,附属设施为支座、伸缩缝、阻尼器、桥面铺装、人行道、防撞系统、路缘石、供水系统、排水系统、标志标牌、防检修通道、供配电系统、照明系统、监控系统、智慧化管理系统等。

3.1.1　上部结构

1) 经常检查

①检查方式:在视野良好的位置,通过高倍望远镜(如有无人摄像机更佳)对上部结构设施表观进行检查。如发现异常情况,应通过检修通道、悬挂式桥梁检查车进行抵近检查,确认病害具体情况。

②检查工具:高倍望远镜或无人摄像机、照相机、摄像机、卷尺等。

③主要检查内容为:

a. 防腐涂层有无开裂、起皮、脱落,表面有无锈蚀等;

b. 构件表面有无积雪、积尘或污染物等;

c. 各部件有无积水、过水等;

d. 出入口是否处于关闭状态。

2) 周期性检查

①检查方式:通过检修通道、悬挂式桥梁检查车等设施尽可能抵近检查。未设置检修设施的部位应采用移动式检修措施抵近检查。确实无法采取措施抵近检查的,应采用无人机进行检查,并留存影像记录资料。

②检查措施:检修通道、悬挂式桥梁检查车、移动挂篮、桥梁检修车、无人机等。

③检查工具:无人摄像机、手电筒、卷尺、橡胶锤等。

④主要检查设施:

a. 钢桁梁:顶板、立杆、斜杆、上下弦杆、上下平联、横梁、纵梁、节点板、锚板及高强螺栓(铆钉)等;

b. 箱梁:顶板、底板、腹板、斜顶板、纵横肋、加劲肋、加劲梁、隔板、风嘴、锚固室等;

c. 钢板梁:横梁、纵梁、水平加劲肋、横向加劲肋、肵板、上下平纵联结系等。

⑤重点检查部位:

a. 钢桁梁:

- 结构整体外观；
- 全桥节点板；
- 上弦杆的端头部位；
- 下弦杆的支座上顶板与梁焊接区域四周；
- 腹杆与上下弦杆的连接部位及上、下平联的杆件端部；
- 纵梁与横梁的交叉部位；
- 横梁与弦杆的连接部位；
- 横纵加强肋与顶板的连接部位。

b. 钢箱梁：

- 结构整体外观；
- 检修孔、排水孔及通气孔附近区域；
- 钢箱梁端部；
- 节段连接处；
- 横隔板与箱体连接处；
- 纵横肋与箱体连接处；
- 纵横肋交接处。

c. 钢板梁：

- 结构整体外观；
- 钢板梁纵横梁结合部位；
- 纵横梁与加劲肋结合部位；
- 纵横梁与桥面板结合部位。

d. 钢-混凝土接头结合梁：

- 钢-混凝土接头混凝土、钢箱梁端头梁结构整体外观；
- 钢-混凝土接头混凝土、钢箱梁端头梁预应力锚具、锚座、锚板、锚固垫板、混凝土锚固端、锚杯、索夹、剪力键、高强螺栓外观情况；
- 钢-混凝土接头混凝土、钢箱梁端头梁预应力钢绞线、体外索外观情况；
- 钢-混凝土接头顶部伸缩缝外观情况；
- 锚头内外观情况；
- 混凝土、钢结构外观情况。

⑥主要检查内容：

a.防腐涂层有无开裂、起皮、脱落,表面有无锈蚀等；

b.构件表面有无积雪、积尘或污染物等；

c.焊缝有无开裂、脱落、错位等；

d.各种杆件是否有变形(异常)、开裂、错位、异常振动等；

e.高强螺栓(铆钉)有无缺失、明显松动等；

f.节点板有无变形、翘曲、移位等；

g.各部件有无积水、过水等；

h.钢绞线、索体有无锈蚀、断丝等；

i.锚头是否存在渗油、漏水,锚头、索夹是否松动,锚固区是否存在超限裂缝,防腐油脂是否老化,锚杯、螺纹锚头、螺母是否存在锈蚀、变形等。

3.1.2　下部结构

1)经常检查

①检查方式:在视野良好的位置,通过高倍望远镜(如有无人摄像机更佳)对钢塔柱表观进行检查。如发现异常情况,应通过内部检修通道、检修爬梯进行抵近检查,确认病害具体情况。

②检查工具:高倍望远镜或无人摄像机、照相机、摄像机、卷尺等。

③主要检查内容:

a.防腐涂层有无开裂、起皮、脱落,表面有无锈蚀等；

b.高强螺栓紧固处有无脱焊、脱落等。

2)周期性检查

①检查方式:通过塔柱内部检修通道、检修爬梯等设施尽可能抵近检查;未设置检修设施的部位应采用无人摄像机进行检查,并留存影像资料。

②检查措施:检修通道、检修爬梯、移动挂篮、桥梁检修升降平台、高空作业车、无人摄像机。

③检查工具:无人摄像机、手电筒、卷尺、橡胶锤等。

④主要检查设施:焊缝、高强螺栓、钢铆钉、剪力钉、锚头、检修平台等。

⑤重点检查部位：

a.钢塔柱：

- 结构整体外观；
- 钢塔柱节段环向焊缝；
- 钢塔柱锚头、垫板部位；
- 钢塔与钢梁接合部位焊接区域四周；
- 钢塔柱钢混结合部位。

b.钢桥墩：

- 结构整体外观；
- 墩梁结合处；
- 钢桥墩节段环向焊缝。

⑥主要检查内容：

a.钢塔柱：

- 防腐涂层有无开裂、起皮、脱落，表面有无锈蚀等；
- 构件表面有无积雪、积尘或污染物等；
- 焊缝有无开裂、脱落、错位等；
- 各种杆件有无变形、开裂、错位、异常振动等；
- 高强螺栓（铆钉）有无缺失、明显松动等；
- 各部件有无积水、过水等。

b.钢桥墩：

- 防腐涂层有无开裂、起皮、脱落，表面有无锈蚀等；
- 钢混结合部位是否开裂；
- 焊缝有无开裂、脱落、错位等；
- 高强螺栓有无缺失、明显松动等。

3.1.3　附属设施

1）经常检查

①检查方式：桥面系或具备抵近检查的设施，应进行抵近检查；不具备抵近检查条件的，应用高倍望远镜（如有无人摄像机更佳）进行观察。

②检查工具：高倍望远镜、无人摄像机、卷尺、橡胶锤、记号笔等。

③主要检查内容：

a. 支座——连杆式支座、辊轴式支座、阻尼支座、横向限位支座等：

- 是否明显脱空；
- 是否明显偏压；
- 涂装是否脱落、起皮起泡；
- 支座是否变形严重、损坏、老化；
- 支座滑动是否异常；
- 支座锚栓是否坚固；
- 支座油脂是否老化。

b. 伸缩缝：

- 止水带是否完好；
- 缝内是否有泥沙、垃圾堵塞；
- 钢构件是否变形、锈蚀等；
- 梳齿板是否松动、翘起，是否脱落、缺失等；
- 梳齿板是否正常变形滑动等；
- 锚固区混凝土是否开裂，是否造成跳车等；
- 伸缩缝缝宽是否异常；
- 伸缩缝是否有异响。

c. 阻尼器——拉索阻尼器、梁体阻尼器等：

- 结构是否完整；
- 阻尼器连接是否牢固、密封圈是否严密，有无硅脂渗漏；
- 阻尼器防腐涂装是否有起皮起泡、开裂、缺损；
- 阻尼器钢构件有无变形、松动；
- 阻尼器硅脂是否老化、缺失。

d. 桥面铺装：

- 路面是否有开裂、坑凼、明显沉降、推移雍包；
- 沥青与伸缩缝连接处是否平顺；
- 路面标线、文字指示标识是否模糊、缺失；
- 路面是否有障碍物及积水。

e. 人行道：

- 人行道铺装是否完好；
- 人行道有无积尘、杂物堆积、积水等；
- 人行道栏杆是否锈蚀、缺损；
- 人行道栏杆基础焊缝是否开裂、伸缩节位移是否正常。

f. 防撞系统：

- 防撞墙混凝土有无开裂、破损；
- 防撞栏杆是否缺损、外观是否完好；
- 防撞栏杆是否脏污、线形是否平顺。

g. 路缘石：

- 外观有无明显的缺损、变形、沉降、缺失等；
- 涂装有无明显开裂、起皮、空鼓、表面锈蚀等；
- 有无积尘、污染等。

h. 供水系统：

- 检查时，应随机打开部分水阀查看出水量、出水压力、水表转速与往日正常时有无明差异；
- 检查外露水阀能否正常开启或关闭或缺失、损坏等；
- 检查外露供水管网有无明显漏水现象；
- 检查金属水龙头有无锈蚀、卡死；
- 检查塑料类水阀有无脆断、老化等。

i. 排水系统：

- 检查排水系统水箅子有无缺失、淤积堵塞、破损；
- 检查排水系统管道自身有无脱落、变形、破损；
- 检查排水系统检查井有无明显溢水、倒灌现象；
- 检查排水系统塑料管道有无脱落、脆断、缺失，有无明显位移；
- 排水管道锚固件是否存松动、脱落、锈蚀等。

j. 标志标牌：

- 悬挂固定措施是否有效等；
- 板面表面有无积尘或污染物等；
- 立柱是否倾斜或受损等。

k. 防抛网：

- 防腐涂层有无开裂、起皮、脱落，表面有无锈蚀等；

- 面网是否脱焊、破裂等；

- 骨架固定是否晃动、失效等。

l. 声屏障：

- 防腐涂层有无开裂、起皮、脱落，表面有无锈蚀等；

- 构件表面有无积雪、积尘或污染物等；

- 屏体有无破裂、脱落等。

2）周期性检查

①检查方式：利用人行道、检修通道、悬挂式桥梁检查车等进行抵近检查；未设置检修设施的部位，应采用移动式检修措施抵近检查；确实无法采取措施抵近检查的，应采用无人摄像机进行检查，并留存影像记录资料。

②检查措施：人行道、检修通道、悬挂式桥梁检查车、移动挂篮、桥梁检修车、无人摄像机。

③检查工具：无人摄像机、照相机、手电筒、卷尺、靠尺、刀片、记号笔等。

④主要检查设施：支座、伸缩缝、阻尼器、桥面铺装、人行道、防撞系统、路缘石、供水系统、排水系统、标志标牌、防抛网、隔声屏、检修通道等。

⑤重点检查部位：

a. 支座：支座整体外观、支座垫石、支座周边环境；

b. 伸缩缝：止水带、伸缩箱、伸缩梁、型钢（钢板）、混凝土锚固区等；

c. 桥面铺装：沥青混凝土横缝、纵缝交接处，沥青混凝土与伸缩缝锚固区交接处，重型车辆行驶车道，桥台搭板与道路连接处；

d. 人行道及栏杆：检修孔周围人行道铺装与路缘石交接处，人行道铺装与栏杆基础交接处，栏杆杆件之间焊缝，栏杆基础螺栓或焊接，栏杆伸缩节；

e. 防撞系统：栏杆杆件之间焊缝，栏杆基座与预埋件连接构件，栏杆伸缩节，混凝土防撞墙。

⑥主要检查内容：

a. 支座：

- 结构是否完整，周边有无积水；

- 固定支座锚栓的坚固性,支承垫板是否平整密实;
- 橡胶盆式支座的支座垫石是否开裂、钢构件是否锈蚀、橡胶老化程度等;
- 聚四氟乙烯支座储油凹坑内专用润滑硅脂是否饱满;
- 球形支座转动性能是否正常;
- 滑移支座是否能够复位等。

b. 伸缩缝:

- 止水带是否破损、漏水;
- 伸缩箱是否破损有异响;
- 伸缩梁是否变形、橡胶垫块是否松动或脱落;
- 型钢是否翘曲,梳齿式伸缩缝锚固螺栓是否松动、缺失、冒顶;
- 锚固区混凝土是否开裂、破损、露筋等;
- 在最冷、最热时测量伸缩缝的变形情况,做好记录,检查其是否在正常伸缩范围内。

c. 桥面铺装:

- 路面平整度是否超出规范要求;
- 路面开裂长度、宽度,沉降数值,推移后高差等;
- 路面积水程度统计;
- 标线及文字指示标志磨损、缺失面积。

d. 人行道及栏杆:

- 人行道铺装平整度;
- 人行道上检修孔与铺装是否衔接顺畅;
- 人行道铺装是否缺损、有无雍包、污染是否严重;
- 人行道栏杆是否稳固,有无破损、变形、缺失、松动等;
- 涂装有无开裂、起皮、脱落、锈蚀等;
- 杆件连接处焊缝有无开裂;
- 基础螺栓有无缺失、螺杆有无弯曲等。

e. 防撞系统:

- 栏杆有无破损、变形、缺失、松动等;
- 涂装有无开裂、起皮、脱落、锈蚀等;
- 杆件连接处焊缝有无开裂;

- 基础螺栓有无缺失,螺杆有无弯曲等;
- 伸缩节位移量是否正常、有无脱空等;
- 混凝土有无开裂、破损、露筋、预埋件锈胀等。

f. 路缘石:

- 检查路缘石结构本身无缺损、变形、开裂、脱空、缺失等;
- 检查路缘石涂装有无开裂、起皮、空鼓、表面锈蚀等;
- 检查路缘石结构焊缝有无变形、锈蚀、锈穿、开裂等。

g. 供水系统:

- 检查供水系统检查井结构本身有无塌陷被掩埋、破损、构件缺失等;
- 检查供水系统金属管道涂装有无开裂、起皮、空鼓、表面锈蚀等;
- 检查供水系统金属管道焊缝有无锈蚀、锈穿、焊缝开裂等;
- 检查供水系统塑料复合管有无老化、变形、破损等;
- 检查供水系统各类型阀门开启或关闭功能是否正常,是否存在阀门锈蚀、卡死、渗漏水等;
- 检查供水系统检查井盖板有无开裂、破损、缺失、变形等,检查井盖板上方有无覆盖物等。

h. 排水系统:

- 检查排水系统检查井结构本身有无塌陷被掩埋、破损、构件缺失等;
- 检查排水系统金属管道涂装有无开裂、起皮、空鼓、表面锈蚀等;
- 检查排水系统金属管道焊缝有无锈蚀、锈穿、开裂等;
- 检查排水系统塑料复合管有无老化、变形、破损等;
- 检查排水系统管道有无堵塞、渗漏;
- 检查排水系统检查井盖板有无开裂、破损、缺失、变形等,检查井上方有无覆盖物等;
- 检查排水系统汇水口水箅子是否破损、松动、缺失、脱落。

i. 标志标牌:

- 防腐涂层有无开裂、起皮、脱落、表面有无锈蚀等;
- 面板表面有无积尘或污染物等;
- 反光膜有无开裂、脱落、错位等。

j. 防抛网:

- 防腐涂层有无开裂、起皮、脱落,表面有无锈蚀等;
- 构件表面有无积尘或污染物等;
- 焊缝有无开裂、脱落、错位等;
- 各种杆件固定螺栓有无缺失、明显松动等。

k.检修通道:

- 防腐涂层有无开裂、起皮、脱落,表面有无锈蚀等;
- 构件表面有无积尘或污染物等;
- 构件有无缺失、破损、变形,紧固螺栓是否松动或脱落等;
- 通道有无堆积杂物影响正常通行。

3.1.4 机电设施检查与养护

1)总体要求

钢结构桥梁机电设施管养工作以充分发挥桥梁设施的特性、设备的使用性为原则,确保设施、设备的耐久性、匹配性及稳定性为目的,不断提高管养质量,使设施处于良好的技术状态。

①钢结构桥梁机电设施管养工作必须贯彻安全第一的方针,制订安全技术措施,加强安全教育,严格执行有关国家标准、行业标准及地方相关标准的规定。

②对于钢结构桥梁机电设施的检查和维修,必须熟练掌握其使用状况,不断提高对机电设施故障预判的能力,根据实际情况制订维修计划,必要时应安排大中修和改建计划。

③加强钢结构桥梁机电设施管养工作费用的核算和成本分析,避免出现重复管养及资源浪费的情况。

④加强钢结构桥梁机电设施技术管理,正确评价使用状况,提出科学的维护计划,积极推广应用新技术、新设备、新工艺和新材料。

2)供配电系统

(1)一般规定

①变配电站设施应保持整洁、完好,不得有积水、漏水、渗水现象。内部灯光、通风设施应保持正常,自然通风要保持良好,站内温度宜保持在 24 ℃以下。

②变配电站的附近环境不得有腐蚀性气体,站内外不得堆放各种易燃易爆物品,不得有积水现象。

③变配电站内的安全用具——高压验电笔、接地线、绝缘垫、鞋、手套、木(竹)梯、标示牌、灭火器材等必须配置齐全,同时按照规范要求定期对绝缘安全用具进行耐压、安全试验。

④站内注油电气设备、冷却设备、照明设备、控制设备及辅助设备均应保持完好、可靠。

⑤变配电站房、场地应定期进行保洁,清除场地垃圾、门窗灰尘,及时处理电缆沟槽积水,保持站房整洁。

⑥变配电站的电气箱柜、仪器等定期进行保洁,清除表面浮灰、油污,确保箱柜、仪器整洁。

⑦对于停电养护的项目,保洁时必须切断电源,检查可能带电的部位,确认停电范围,并按照电力安全操作规程做好其他安全防护措施。

⑧应按规定周期落实变压器等电气设备的测试、检验工作。设备检修后,应验收合格才能投入运行。

(2)检查与维护

①供配电系统的巡视检查分为日常检查、周期检查、特殊检查。

a. 日常检查:对供电系统运行状态进行观察,检查是否有异响、异味、异常读数等现象,并做好运行工作记录。

b. 周期检查:对高低压电气设备、变压器油温、干燥剂、冷却装置、仪器指示、信号等各项内容进行检查,并做好记录。

c. 特殊检查:遇阴雨、潮湿、雷雨、高温、强冷气候,应进行特殊检查(包括定期夜间检查),并做好记录。

②供配电系统的维护要求:

a. 技术人员对供配电系统进行维护时,必须遵守严格的操作程序。检查和维护时,一定要在停电的情况下进行,并且要先提前通知值班管理人员,对相关人员和部门进行告知,确定停电的时间,便于其他工作人员合理安排自己的工作并做好应急准备。同时在停电状态下,对供配电设备进行检修和维护,也能确保工作人员的安全。

b. 城市桥梁供配电系统涉及高压,一旦处理不当,发生漏电或与人体接触,可以瞬间致人死亡。因此,进行维护的人员必须是专业电力技术人员,具有丰富的经验和专业技能,精确地掌握供配电原理及系统内部的工作器件技术要求,才能及时准确地发现问题,并保证自身安全。

c.在对高压配电室进行维护和检修时,应按照电力操作过程的要求,必须有2人及以上人员陪同。一旦发生事故,应及时报告和处理,严禁独自一人进行高压配电室工作。

③供配电系统的维护周期。供配电系统长期保持高负荷的运行,根据材料和设备、使用负荷等综合情况不同,随时可能发生电力故障,因此维护和检修工作是一个长期的任务。除日常的巡查和维护外,还应建立定期的、大型的检修周期。

a.日常维护。主要维护及检修工作如下:

• 检查各个配电设备指示灯是否正常,它是显示设备是否正常运行的最明显的标志;

• 检查各高低压配电柜柜门是否正常关闭,里面的元器件是否正常运行,表面有无污染,各仪表上的指示器、开关、继电器的控制线是否正常,有无松动,如有应该进行紧固;

• 及时清除所有设备上的灰尘和污染物,防止灰尘堆积过多造成线路短路;

• 检查所有的外接电路及电路是否有松动情况,有无接头处老化和变形等情况,如有,应该及时通知相关部门进行更换;

• 检测各个开关是否开闭顺畅和正常,各类插线和接线的位置是否有生锈、变色或接触不良的情况,以及其他的通风、排风、降温、消防设施设备是否正常等。

b.此外,还应定期进行月度、季度、半年度和年度的大型检修和维护工作。

对于本章中未涉及的城市桥梁供配电系统的设施,参照国家、地方现行规范要求,以及咨询专业单位后开展检查、管养工作。

3)电力电缆线路

(1)一般规定

①技术人员应全面了解供电系统中的电缆型号、敷设方式、环境条件、路径走向、分布状况及电缆中间接头的位置。

②电力电缆线路运行中严禁有绞扭、压扁、绝缘层断裂和表面严重划痕缺陷，保证具有足够的绝缘强度。电缆线路的运行温度不得超过正常最高允许温度，电缆线路的拉伸值不得超过正常电缆的最大拉伸范围。

③测量电缆线路绝缘电阻时，应将断路器、用电设备及其他连接电器、仪表断开后才能进行。

④10 kV 电缆线路停电超过 1 个星期的，应遥测其绝缘电阻，合格后才能重新投入运行；停电超过 1 个月的，必须做直流耐压试验，合格后才能投入运行。

⑤对于使用年限较长的电力电缆，应在规范要求范围内对电缆绝缘层进行目测检查，检查电缆绝缘层是否存在老化、破损的情况。

⑥对于电力电缆使用的环境，应加强日常巡查。任何敷设方式的电缆线路都不得受到高温、外力作用和化学性腐蚀的影响。

⑦电缆两端应符合规范要求，沿电缆井引入时，电缆排列整齐有序，绑扎牢固，预留长度满足使用要求，线缆进入口必须用防鼠泥进行封堵。

⑧直埋电缆两端铠装层接地处理得当，电缆标识埋设符合设计要求。

⑨0.4 kV 低压配电线路上不得随意提高线路用电设备的容量。必要时，应查阅相关技术资料，在符合线路技术参数的条件下进行。

（2）检查与维护

电力电缆线路的巡视检查分为日常检查、定期检查和特殊检查。

①日常检查：24 h 值班的配电室应每班检查 1 次，无人值守的配电室应每周检查 1 次。

②定期检查：对各种不同方式敷设的电缆线路所处的运行环境、地表情况、敷设状况等进行定期检查，每月至少 1 次。

③特殊检查：遇有异常气候或外力侵害等特殊情况，应按照实际情况做特殊检查。

4）照明系统

（1）一般规定

①用于道路照明、景观照明的白炽灯、荧光灯、高压汞灯、高压钠灯、金属卤化灯、投光灯等灯具都必须安全可靠、完整无损，灯具与附件的安装必须正确、牢固。

②灯臂、灯盘、灯杆内穿线不得有接头,穿线孔口或管口应光滑无毛刺,并应采用长度不小于绝缘臂套或包带包扎。

③每盏灯的相线应装熔断器,熔丝选用应符合要求。

④经常性地对功能照明、景观照明设施的亮灯情况进行检查,亮灯率应满足国家及地方相关规范要求。对达不到亮灯率的照明设施进行定期维修和抢修。

⑤检查灯杆、机箱及灯具安装位置和方位是否正确、基座是否牢固、灯具安装是否端正。

⑥检查灯杆、配电箱等部件表面有无划伤、刻痕、剥落、锈蚀。

⑦日常检查基础混凝土表面平整、无损边,连接地脚及螺栓规格符合设计要求,无松动,外观无锈蚀。

⑧检查高杆灯防雷接地焊接牢固,并做防腐处理;防雷引下线及接地体用材料规格、防腐与连接措施、安装位置符合设计要求;金属机箱与安全保护地连接可靠,接地极引出线裸露金属无锈蚀;升降系统是否操作顺畅。

⑨按照《道路照明设施维护技术规程》(DB 50/T 233—2020)的要求,定期对灯具进行清洗。

⑩高压汞灯、钠灯、金属卤化灯等气体放电灯的灯泡、镇流器、触发器等应配套使用,严禁混用。

⑪各类灯具的外壳均应接地可靠,接地方式应与供电系统的接地方式一致。

⑫照明控制柜(箱)的要求:

a. 控制柜(箱)的固定及接地应可靠,外壳应保持清洁完好、无锈蚀,户外使用的应做好防雨水渗漏、防湿气、防小动物等措施,IP 防护等级不低于54。

b. 控制柜(箱)内所装电气元件及面板仪器指示灯、按钮开关应保持齐全完好,各元器件安装应正确、牢固。

c. 二次回路接线应保持准确、连接可靠、标志齐全清晰、绝缘合格。

d. 光控开关、定时钟开关及远程控制等装置应保持运行正常、可靠。

e. 电气线路保护装置(如短路保护、过载保护等)应保持完好可靠。

(2)检查与维护

城市桥梁照明系统检查主要分为日常巡查、周期巡查、特殊巡查3 种。

①日常巡查:城市桥梁照明设施应每日巡查1 次,检查亮灯率,做好巡查记录。

②周期巡查:控制箱、柜每周应检查 1 次,做好巡查记录,并定期进行照度、均匀度测试。

③特殊巡查:在恶劣气候环境、景观灯光开灯期间,应每日安排巡查值班人员,检查亮灯率并做好巡查记录。

对于本章中未涉及的城市桥梁照明系统的设施,参照国家、地方现行规范要求,以及咨询专业单位后开展检查、管养工作。

5)电力监控系统

(1)一般规定

①技术人员应每日清扫监控台面,定期对设备进行除尘处理。

②应定期检测电力监控系统的各种设备接地,确保接地可靠性。

③维护(值班)人员在每次交接班时都应认真检查服务器、控制器、打印机及具有冗余配置的电力监控主机等设备的工作是否正常,做好设备运行记录。

④如遇到运行程序或计算机出现死机现象,必须重新启动计算机时,应按照操作指南规定进行。

(2)检查与维护

①维护内容应针对各供电和照明主回路的电压、电流、功率因素等参数及其开关状态显示应正常。

②维护人员应定期对电力监控系统的自检功能进行检查,确保其使用功能正常。

③电力监控机房的联合接地电阻应不大于 1 Ω。

6)悬挂式桥梁检查车

(1)一般规定

①技术人员应全面了解悬挂式桥梁检查车的构造、工作原理。

②不得随意变更悬挂式桥梁检查车的构造和电气线路。

③对桁车电机应定时进行清洁、打油、外壳除锈的维护保养。

④对桁车轨道应定时进行检查维保。

⑤对桁车滑触线应定时进行维保,对老化破旧的滑触线进行更换。

⑥对桁车的限位开关、指示灯等进行及时更换。

⑦悬挂式桥梁检查车使用频率高或对大桥进行重点维护后,应及时安排对悬挂式桥梁检查车做重点检查或保养。

（2）检查与维护

①悬挂式桥梁检查车检查分为日常检查、定期检查及特殊检查3种。

②每月须通过观察对操纵台仪表、滑触线、电动机、减速箱、齿轮、控制电箱等元器件进行日常检查,同时运行悬挂式桥梁检查车,在运行过程中是否存在卡轨、运行不顺畅的情况,并做好记录。

③当遇到桥梁撞击、台风、地震或出现运行异常等特殊情况时,应立即对悬挂式桥梁检查车做全面详细的应急检查。如有需要,可委托具有专业资质的单位进行检查。

7）桥梁除湿系统

（1）一般规定

①桥梁除湿设备宜长期处于一个密闭、干燥、低尘的工作环境中,以提高各机组的工作能力,降低电能损耗,提高机组使用寿命。

②桥梁除湿设备的空气过滤网应经常保持畅通状态,出现滤网堵塞指示报警,应及时更换过滤网,以提高机组运行效率,保持机组正常工作状态。

③应检查在规定的环境空间内除湿系统产生的干燥空气,其空气相对湿度应保持达到设计对设施环境控制湿度的要求。

④检查桥梁除湿系统在环境湿度设定的控制范围内,应能可靠地进行自动启动或停机。

⑤检查桥梁除湿系统中的各风机、传动机构,应始终保持无异常声音、无异常振动、无异味的运行状态。

⑥检查桥梁除湿系统中的进风管、出风管、循环风管等管路,应保持畅通、无泄漏、无阻塞、无损坏,各功能风阀开关位置应保持正确,风阀开关电气控制应保持完好。

⑦检查空气过滤网的使用,应保持完好、有效,滤网介质应符合产品设计要求。

⑧在正常情况下,需要对除湿机进行维护工作时,不得采用切断总电源的操作方式强行停机。

⑨桥梁除湿系统的机组外壳和通风管道金属部分必须可靠接地。

（2）检查与维护

①除湿机在使用一段时间后，其进风过滤网会积聚灰尘，灰尘积聚过密过厚会影响除湿效果。因此，需经常清洗过滤网，使前后通风顺畅。

②对于采用湿度传感器的除湿机，湿度传感器一般都放置在通风面上。若使用环境不好，湿度传感器被尘埃堵塞，就无法显示和控制湿度。使用一段时间后，需用柔软的毛刷清除传感器上的灰尘，并保持传感器的清洁。

③除湿机长时间不用时，应拔下电源插头，对整机进行清洁。挥发油、稀释剂、清洁剂都可能对机器造成伤害，不能使用。要把水箱中的积水倒干净，避免滋生细菌。

④除湿机长时间使用时，每周至少停机1次，进行一般性保养，检查机器过滤网是否需清洗、机器有否异常声音等。

对于本章中未涉及的城市桥梁除湿系统的设施，参照国家、地方现行规范要求，以及咨询专业单位后开展检查、管养工作。

8）防雷及接地装置

（1）一般规定

①凡可能因绝缘损坏造成设备金属外壳带电危险，直接危害人身安全和设备安全的电气装置、电缆线路及各类电气、机电设备都应可靠接地。

②接地线与电气设备连接时，应采用螺栓压接每个电气设备，并都应单独与接地干线连接。严禁在一条接地线上串接几个需要接地保护的设备。

③检查变压器供电的低压配电系统，各类电气设备的接地方式应符合该系统的设计要求及国家相关规范。严禁部分电气设备采用保护接零、部分电气设备采用保护接地的两种混用接地方式。

④对桥梁设施的保护接地，应加强日常检查，使用专业仪器测量其接地电阻。对不符合接地要求的设施，要立即进行整改。

⑤应定期检查避雷器的使用情况，及时更换已损坏的避雷器。

⑥采用接地或接零装置，必须保证电气设备与接地体之间或电源变压器中性点之间的导电连续性、可靠性和热稳定性。

⑦避雷器的安装应牢固，接线应正确；连接导线应绝缘良好、无损伤。

⑧更换避雷器时,应尽量采用相同规格和型号的产品。避雷器的接口应与被保护设备接口一致。

⑨避雷装置构架上不得挂设其他用途的线路,以防止将反击过电压引入室内。

⑩接地电阻的周期测量应在较干燥的季节进行。

（2）检查与维护

①周期检查:

a. 变配电站的接地网及变压器工作接地装置系统接地电阻,每年需检查测试一次。

b. 各分路低压变电柜及电气设备的接地或接零每年至少检查 2 次,接地电阻需每年测试 1 次。

c. 各种防雷保护的接地装置,在雷雨季节之前应进行检查并测试接地电阻。

②采用接地或接零装置,必须保证电气设备与接地体之间或电源变压器中性点之间的导电连续性、可靠性和热稳定性。

③避雷器的安装应牢固,接线应正确;连接导线应绝缘良好、无损伤。

④更换避雷器时,应尽量采用相同规格和型号的产品;避雷装置构架上不得挂设其他用途的线路,以防止将反击过电压引入室内。

⑤桥梁等设施的防雷检测工作应在较干燥、雷雨少的三、四月进行,应先自行检查,同时委托专业单位进行防雷装置安全性能检测工作,并出具《防雷装置安全性能检测报告》。

⑥对于建筑物、构筑物的防雷阻值要求,必须参照《建筑物防雷设计规范》（GB 50057—2010）等相关规范的要求执行。

9）视频监控系统

①系统功能要求:确保系统前端设备、系统控制功能、监视功能、入侵报警功能、防破坏及故障报警功能、记录回放功能、联动报警功能等工作正常,确保全系统运行正常。

②系统维护保养内容包括检查、清洁、调整、测试、优化系统、备份数据、排查隐患、处置问题等工作。

③检查周期:系统的维护保养周期每季度不少于 1 次。根据各设备系统的

运行情况及安全防范需要,相应地增加维护保养次数。

④检查方法及要求:

a. 检查设备时,应对设备进行物理检查、运行环境检查、电气参数与性能检查等;

b. 清洁设备时,应根据设备类型使用吸(吹)尘、刷、擦等方法对设备表面或内部的灰尘、污物等进行清理;

c. 调整设备时,应按照标准规范、技术手册和使用要求对设备的安装位置、防护范围、电气参数、运行模式等进行设置与校正;

d. 测试设备系统时,应按照标准规范、技术手册和管理要求对设备系统的功能、性能进行测量试验;

e. 优化系统时,应按照标准规范和管理要求对系统的参数、设置等进行合理配置;

f. 备份数据时,应根据管理要求对重要数据进行转存、转录并确保数据和存储介质的安全。

10)桥梁健康监测系统

(1)一般规定

①钢结构桥梁健康监测系统应能监测应力应变、变形、结构温湿度、动力响应、疲劳参数的变化情况。特大跨径钢结构桥梁宜进行风参数、能见度、雨量、船撞击等监测。

②建立监测系统日常检查与维护台账,记录系统运行与维护情况。台账中至少应包括检查时间、检查人、检查内容、问题描述、维护情况。

③设置专人负责监测系统的底层操作,定期对软件系统进行检查,检查各项模块功能是否正常,数据是否完整、真实,发现问题及时处理。

④定期查看监测预警情况及监测数据分析报表,出现问题应结合养护工作及时做出处理。

⑤应委托专业机构开展监测系统的定期检查与维护工作。根据监测数据定期出具专业数据分析报告,每年不少于1次。

(2)检查与维护

①系统检查与维护至少应包括传感器、采集与传输设备、数据服务器等硬件

设备运行状态的检查,系统采集软件、数据库管理软件、综合软件等运行情况的检查,监测数据完好性检查,数据库状态检查,现场传感器、采集传输及防护设备、服务器机柜等的除尘,以及上述检查中出现问题的解决。

②检查前端控制箱及箱内设备(每半年至少1次)。检查箱体安装是否牢固可靠、有无锈蚀,箱内设备(传感器、线路连接)运行是否正常。

③定期检查光缆传输设备(每年至少1次)。检查光缆安装是否稳固,有无标志损坏、模糊、脱落等。

3.2　各类型桥梁特有设施

3.2.1　悬索桥

1)主缆系统主要检查内容

①涂层是否存在防腐涂层(如有)开裂、起皮、脱落、脏污等。

②防护层缠包带、PE防护层等是否存在开裂、破损、脱落等病害。

③主缆钢索是否存在锈蚀,主缆密封处是否有漏水、积水。

④主缆索鞍、转索鞍、展束索鞍座地脚螺栓是否出现剪断,索鞍座是否出现相对滑移。

⑤主缆散索端锚固固定端混凝土基面是否出现混凝土开裂、脱落及其端头固定锁夹是否出现明显滑移。

⑥主缆与锚室前墙是否出现卡死、渗水等病害。

2)吊杆索主要检查内容

①涂层是否存在防腐涂层(如有)开裂、起皮、脱落、脏污等。

②吊索索夹是否出现明显位移、松动、开裂。

③双吊索之间的制振撑是否出现不均匀滑移。

④吊索下锚头是否出现松动、渗水、锈蚀现象。

⑤下锚头锂基脂润滑油是否老化、缺失。

⑥吊索下端将军帽是否出现破损、变形、锈蚀等。

⑦吊索上下高强螺栓是否出现紧固力不足、螺栓缺失、崩断,垫片是否出现

缺失、松动。

⑧吊索索力是否出现异常。

3)锚碇及锚室主要检查内容

①锚室及锚固区混凝土否存在超限裂缝、破碎、钢筋外露锈蚀、锈胀现象。

②锚室衬砌、混凝土施工缝是否存在锚室内渗水、积水现象,湿度超过规定限值等。

③锚碇区域山体有无开裂、破碎脱落、分化、位移现象,锚碇结构有无混凝土病害,锚碇有无受力引起的结构性开裂、破碎。

④锚板是否断裂,锚杯、螺纹锚头、螺母是否存在锈蚀、变形。

⑤锚室内部钢构件是否存在锈蚀、损坏,以及锚固螺栓松动等现象。

3.2.2 斜拉桥

斜拉索系统主要检查内容如下:

①PE护套有无划伤、破损、脏污等。

②将军帽固定螺栓有无松动、缺失,将军帽固定螺杆有无缺少、变形、断裂。

③锚头内黄油是否变质、渗水。

④导索管与斜拉索连接处有无空隙。

⑤钢绞线是否锈蚀,夹片咬合部位是否位移。

⑥索导管与PE护套是否存在夹角。

⑦止水环上口是否密封完好、下口是否渗水。

定期更换钢护筒与套管连接处的防水垫圈及阻尼垫圈,定期对拉索两端钢护筒做涂漆、防锈处理。发现钢护筒开裂、渗水、漏水时,应及时处治。锚固系统的钢构件出现锈蚀时,应及时除锈和做防腐处理。斜拉索护套出现大量表层裂缝或破损严重时,应及时修补。

3.2.3 钢拱桥

1)钢箱拱主要检查内容

①钢结构母材表面是否出现损伤,焊缝是否出现开裂,钢结构是否出现

锈蚀。

②钢箱拱与横梁之间的结构焊缝是否出现开裂或变形。

③钢结构焊缝表面防腐层是否出现起泡、开裂或脱落。

④钢结构涂装层是否出现锈点。如果出现局部锈蚀,应进行防腐处理,锈蚀超过10%的应进行整体防腐涂装。

⑤钢箱拱内外必须保持清洁,不得被油污污染,因维修中出现油污污染应立即清除。

2)钢桁拱主要检查内容

①杆件是否出现缺损或变形。

②焊缝是否出现开裂。

③节点工作情况是否正常。

④涂装是否出现锈蚀。

⑤连接节点、杆件、焊缝是否开裂、缺失、断裂。

⑥传感器是否牢固和工作正常。

⑦防腐涂装表层是否有雨水或油污污染。

3)系杆索的检查与养护

①检查系杆索护套是否老化破裂。

②检查护套表面是否有油脂溢出,检查纵向锚盖是否锈蚀,检查内外锚盖密封是否完好。

③对比智能监测系统传感器显示的索力与设计力值是否异常。

④检查索锚固端钢板是否出现锈蚀或变形,检查锚固端周边混凝土是否出现裂缝或缺损。

⑤检查系杆索的其他工作部件是否正常工作。

4)拉杆索主要检查内容

①检查拉杆索的承托端头球座是否锁死。

②检查拉杆索护套是否老化破裂。

③检查护套表面是否有油脂溢出。

④检查竖向锚盖是否锈蚀。

⑤检查内外锚盖密封是否完好,检查锚杯内黄油是否干涸。

⑥对比智能监测系统传感器显示的索力与设计力值是否异常。

5)支点吊索主要检查内容

①检查支点吊索的承托滚轮是否锁死。

②检查支点吊索护套是否老化破裂,检查护套表面是否有油脂溢出。

③检查竖向锚盖是否锈蚀,检查锚盖密封是否完好,检查上锚头密封材料是否老化干涸。

④对比智能监测系统传感器显示的索力与设计力值是否异常。

3.2.4 钢混组合桥

1)钢混凝土梁体接头主要检查内容

(1)钢混凝土梁体接头混凝土连接过渡区段主要检查内容

①混凝土锚固横梁、锚固板、锚座混凝土有无混凝土开裂、破损、锈胀、超限裂缝。

②混凝土梁端头梁内部混凝土横隔板、顶板、腹板、底板是否存在超限裂缝、混凝土破损、钢筋锈胀、混凝土剥落。

③混凝土梁端头钢绞线涂装是否存在严重锈蚀、涂装开裂、空鼓、剥落和钢绞线自身有无断丝。

④混凝土端头梁 PBL 钢制剪力件有无锈蚀、变形、松动、剪切破坏。

⑤混凝土预应力张拉端锚座、锚杯外表面钢构件有无锈蚀、变形。

⑥混凝土端头梁预应力张拉夹片有无松动、滑移等。

⑦预应力管道有无卡死现象。

⑧钢混凝土梁体结合部是否存在漏水。

⑨钢混凝土梁接头结合部伸缩缝有无渗水、有无橡胶止水带破损。

⑩预应力锚座高强连接螺栓螺帽有无松动、螺杆剪断现象。

⑪锚头黄油有无老化、缺失等。

（2）钢混凝土梁体接头钢箱梁连接过渡区段主要检查内容

①检查预应力钢绞线有无锈蚀，防腐涂层有无开裂、剥落。

②钢梁端头锚座高强螺栓有无松动、剪断，锚座钢板、锚杯有无变形、锈蚀、涂层开裂、剥落。

③钢梁端头锚固钢构件焊缝有无变形、开裂。

④钢梁端头箱梁内部加劲梁、加劲肋、加劲横隔板、顶板、腹板焊缝有无变形、开裂，有无防腐涂层有无开裂、剥落。

⑤钢梁端头钢绞线涂装是否存在严重锈蚀、涂装开裂、空鼓、剥落和钢绞线自身有无断丝。

⑥钢梁端头 PBL 钢制剪力件有无锈蚀、变形、松动、剪切破坏。

⑦钢梁端头预应力张拉夹片有无松动、滑移等。

⑧锚头黄油有无老化、缺失等。

2）体外索主要检查内容

①体外索端头密封罩是否密封完好，有无破损、锈蚀、变形等。

②体外索锚固块、锚具、夹片及体外索索体是否存严重锈蚀、变形，其涂装是否存在开裂、空鼓、剥落。

③体外索索道管防腐油膏是否干涸，是否老化、缺失。

④体外索锚具、减震装置焊缝是否开裂、变形是否超限及其是否出现松动现象。

⑤体外索锚具、减震装置安装处混凝土是否存在开裂、破损等。

⑥体外索外部防护材料是否开裂、老化、破损等。

⑦体外索索体是否出现明显断丝现象。

⑧体外索索道管有无变形，体外索锁体有无卡死现象。

3.3 预防性养护

3.3.1 预防性养护的意义

钢结构桥梁预防性养护能够提高结构耐久性，延长使用寿命。

3.3.2 桥面铺装预养护

桥面铺装(沥青路面)预养护主要方式有精表处、含砂雾封层、裂缝修补、就地热再生、薄层罩面与超薄罩面等。

1)精表处

(1)一般规定

精表处施工中,配合比设计应充分考虑使用要求、原路面状况、道路等级、单位费用、地理位置、交通量等因素,合理选择精表处类型,并通过试验室配合比确定胶结料和细集料用量。

在车流量大、路面负荷重或早期病害较为严重的路段,为提高精表处的使用耐久性及加强对路面的保护,可根据道路等级路况合理选择精表处类型进行搭配,实施双层精表处。

精表处宜选择在干燥和较热的季节施工。当遇到雨天或气温低于 10 ℃时,不得进行精表处施工。

(2)施工机械

精表处应采用同步封层车同步喷洒高性能胶结料和撒布细集料。作业时,同步封层车应保持时速和洒布量稳定,在整个洒布宽度范围内,应布料均匀。

小规模施工或局部施工可采用小型专用洒布器喷洒高性能胶结料,人工撒布细集料,布料应均匀。

精表处同步封层车中应配备油罐、计量系统、胶结料喷洒系统、细集料撒布装置、搅拌釜及操作台等主要部件。

(3)对原路面的要求

精表处施工前,应对原沥青路面进行检查,原沥青路面质量不符合相关要求的,不得采用精表处进行预养护。对于使用年限超过 10 年,但原路面性能指标满足相关要求的,应慎重选择精表处进行预养护。

实施精表处预养护的路面应具有足够的强度和刚度,良好的整体稳定性,无明显病害,表面平整、干燥、清洁。

若原路面局部出现粗磨、松散、坑槽、沉陷、雍包、车辙、龟裂等病害,应按照现行国家、行业相关标准要求对病害进行处治,满足要求后方可进行精表处施工。

（4）施工准备

精表处正式施工前，应选择合适路段铺筑试验段，试验段长度不小于50 m。

通过试验段得出的施工配合比和确定的施工工艺经监理或业主确认后，作为后续施工的依据。施工中不得随意更改施工参数，确需更改时，应报监理或业主确认。

（5）施工要求

精表处应按照下列程序施工：

①施工放线。确认待施工区域，放线并做好标识。

②作业路面处理。

③材料准备。

④施工装备标定及调试。

⑤根据批准的施工技术参数确定施工速度，同步喷洒高性能胶结料和撒布细集料。

⑥施工过程中不得随意改变施工技术参数。

⑦施工过程中的局部不均匀处，应及时修补。若施工异常，应立即停止施工，找出原因，及时纠错。

⑧双层精表处施工时，应在下层精表处固化成型后再施工上层精表处。

⑨施工完毕后，应根据实际情况确定养护成型时间和开放交通时间。

2）含砂雾封层

（1）适用范围

沥青路面正常使用1～3年后，路面仅存在轻微裂缝，轻微损失细骨料现象；由于建设设计、材料类型、结构类型等原因造成的表观美观性差，路面结构强度足够、无结构性病害等工况。

（2）技术特点

含砂雾封层由高性能改性沥青、细集料、外掺剂等组成，通过喷洒方式完成施工，封层实施后将填补、封闭裂缝和空隙，防止路表水下渗，并快速美化、黑化路面。

（3）基本工艺

施工前期准备及交通组织→局部病害处治→基面清洁→材料准备→洒布车喷洒→养护（天气良好情况下，一般在施工后不小于 4 h）→开放交通。

（4）实施要点

①使用年限：1 年。

②效果：表面黝黑、（砂）均匀。

③抗滑性能：BPN 或 SFC 符合设计要求，构造深度不小于 0.55 mm。

④油膜厚度：0.1～0.3 mm。

3）薄层罩面

（1）适用范围

沥青路面正常使用 3～5 年后，路面出现渗水、抗滑能力不足，存在裂缝、松散（麻面）、连续轻微车辙等工况。

（2）技术特点

使用高性能改性沥青或高黏高弹沥青拌制混合料，并辅以层间黏结材料，经过摊铺、碾压形成具有与原路面黏结力强、高抗滑、低噪声、低水雾特点的薄层结构。

（3）基本工艺

施工前期准备及交通组织→局部病害处治→基面清洁→材料准备→试验段摊铺→配合比调整→施工段摊铺、碾压→开放交通（路表温度降至常温即可）。

（4）实施要点

①使用年限：3～5 年。

②效果：表面平整密实，无明显轮迹、裂缝、油包等缺陷，无明显离析。

③厚度及抗滑性能：符合设计要求；平整度不大于 1.5 mm。

④渗水系数：≤300 mL/min（普通沥青路面），≤200 mL/min（SMA 路面）。

4）环氧树脂类或甲基丙烯酸类

（1）适用范围

适用于要求快速恢复交通、应急、抢险等特殊路段或部位。

（2）技术特点

基于甲基丙烯酸甲酯（MMA）树快固化环氧树脂混凝土及砂浆材料衍生的路面快速修复及薄层封层技术,具有固化速度快（MMA 一般在 50～90 min 完成固化,环氧树脂一般在 3～12 h 完成固化）,成型强度高（2 h 强度一般在 5 MPa 以上）,抗滑性能优异（BPN 值一般在 70 以上）,黏度强度高,耐磨耗,开放交通快（MMA 一般在施工后 2～3 h 开放交通,环氧树脂一般在施工后 3～12 h 开放交通）。

（3）基本工艺

施工前期准备及交通组织→局部病害处治→基面清洁→现场施工→养护→开放交通。

（4）实施要点

①使用年限:3～5 年。

②效果:表面平整、均匀、美观,颜色无明显偏差、无明显拖痕。

③BPN 值:>70。

④渗水系数:<7～10 mL/min。

⑤黏结强度:>2.5 MP 或原基面破坏。

3.3.3　支座保养

支座保养应符合下列规定:

①支座各部分应完整、清洁、有效,支座垫板应平整、紧密、锚固牢固。支座周边应干燥、洁净,无积水、油污。

②支座应每半年检查、清扫 1 次,应每年养护 1 次。支座各部分应保持完整、清洁,能有效使梁体支撑保持在正常状况下,桥跨伸缩自如。

③支座养护前,应检查支座状况,并应与前一次检查养护结果进行比较,并留存记录。

④支座橡胶或四氟板应无开裂、变硬、老化。对于各类橡胶支座,应经常清除污水,防止油脂污染。

⑤盆式支座的螺栓不得有剪切破坏,螺母不得松动。

⑥球形支座应保持灵活,每年应清除尘土,更换润滑油 1 次。

⑦滚动支座滚动面一般每年涂 1 次清洁剂,涂抹润滑油。

⑧应检查固定支座锚栓的坚固性,支撑垫板应平整紧密。

⑨活动支座应保持灵活,实际位移量应符合设计规定。

⑩支座外露金属构件不得锈蚀,应定期清洁、除锈、刷防锈漆。除铰轴、辊轴、不锈钢滑动面外,每两年应涂防锈漆 1 次。局部除锈刷漆颜色宜和原色一致,整体除锈刷漆颜色宜和梁体颜色一致。

⑪滑移的支座应及时复位,应及时更换损坏或状态达不到设计使用要求的支座。

⑫应检查支座周边积水原因,及时处理,必要时可做散水坡。

3.3.4　伸缩缝保养

①伸缩装置应每年保养 2 次;橡胶板式伸缩装置的锚固螺栓应每季度保养 1 次,松动应及时拧紧,丢失应补齐;伸缩缝内的垃圾和杂物应每季度清除 1 次,如果发现有石子等硬物嵌塞时应及时清除。

②模数式伸缩装置日常维护。其内容包括清除缝内的垃圾和杂物,更换老化、漏水的止水带,修补开裂、坑洞、剥落的混凝土保护带等。

清除缝内的垃圾和杂物时,应将止水带和梁端缝隙间彻底清除干净,避免堵塞排水,阻止伸缩缝的自由伸缩。清除梁端缝隙间杂物时,可用支架从梁底向上沿横桥向依次清除。

③异型钢伸缩装置的日常维护同模数式伸缩装置。

④弹塑体伸缩装置日常维护。其内容包括清除梁端缝隙间的垃圾和杂物,对填缝料沉陷、雍包、车辙、脱落、裂缝进行局部修补和整体更换等。

⑤钢板伸缩装置日常维护。其内容包括清除缝内塞进的硬物、杂物,保持伸缩缝自由伸缩、排水通畅;保持钢板焊接部位清洁,防止锈蚀;补焊或更换开焊、翘曲、脱落的钢板;重新锚固松动的保护角钢或平板以及松动的底板等。

⑥橡胶板式伸缩装置日常维护。其内容包括清除伸缩缝内的垃圾和杂物,防止硬物使橡胶块产生破坏,保持伸缩装置表面清洁、行车平顺、自由伸缩;拧紧松动的固定螺栓;补齐或更换丢失、破损严重的固定螺栓、螺栓孔填充料、橡胶板等。

橡胶板应按桥面宽度设置,橡胶板应整块、无接缝、防水性好;安装时,螺栓从上向下与角钢连接。

3.3.5　钢结构日常保养

1）维持钢结构清洁、干燥

①泄水孔应畅通,要经常清除主桁、桥面系以及联结系的节点连接部位和缝隙部位的积水,保持干燥。

②对于雨后存在积水的构件,应及时选择合理的部位补钻泄水孔。钻孔后,泄水孔应及时补涂防腐油漆。

③钢结构外观应清洁,经常清除结构隐蔽部位和死角的垃圾、淤泥等,冬季应及时清除冰雪。

④采取措施防止水或其他对钢材有腐蚀作用的液体长期滞留腐蚀钢材。

⑤钢桥面铺装应无坑洼积水现象,应无水渗漏至钢桥面板。如有,应查明原因,及时修补完好。泄水孔应保持畅通,增设泄水孔,其直径不应小于 50 mm。钻孔前应对杆件强度进行验算。

2）维持钢结构防腐涂层完好,钢结构不锈蚀

①杆件外观应保持清洁,没有锈痕,油漆未脱落,没有强烈碰撞、锤击痕迹。如出现涂层开裂、起皮、破损、锈蚀,应采取除锈、防锈和恢复防腐涂层的措施进行处置。

②防止钢构件锈蚀,定期进行除锈防锈处理。

3）维持钢结构正常连接

①保持铆钉、螺栓接合和焊接的正常状态。对于有损伤裂缝的箱梁及杆件和铆钉、螺栓等,应经常观察其发展情况,并标上颜色记号,做记录,以备查考。

②如发现个别高强螺栓出现滑移、松动,甚至延时断裂脱落现象,对发现有松动螺栓的螺栓群,应该扩大该螺栓群的检查数量,以确定此螺栓群螺栓的使用情况,保证其正常工作。

③对判明原因且结构能够正常使用的,及时将缺失的锚栓补足,同时将松动的锚栓拧紧(紧固力要满足设计要求)。

④腻封脱落的要及时维修,重新腻封。

3.3.6 主缆的养护与维修

主缆的养护与维修应符合下列规定：

①保持主缆清洁，及时清除其表面的积冰、尘土和油污。

②主缆防护层有开裂、剥落时，应尽快修复。

③主缆内部应保持干燥状态，存在积水、渗水时应及时将水排出，通过特殊检查后及时采取处治措施。必要时，应检查主缆钢丝是否锈蚀，并及时处治。

④应防止主缆索股的锚头、锚杆、裸露索股、分索器、散索鞍等处发生锈蚀。发现涂装剥落、锈蚀，应及时处治。应及时清除表面尘垢、积水，定期涂刷防腐涂装、更换防腐油脂。

⑤主缆采用涂敷油脂防锈且用简易包裹做防护层时，应定期更换油脂及防护层，保持其完好状态。

⑥缠丝的漆膜有损坏（开裂、碎片等）或分层剥落时，应重新涂装。

⑦缠丝断裂散开时，应先观察主缆是否锈蚀，待除锈后重新缠丝、油漆，保证主缆防护层完好。

⑧主缆存在锈蚀或断丝时，应对主缆进行特殊检查，根据腐蚀和断丝情况，研究确定采用局部重新缠丝或更换。

⑨对于裂纹扩展至50%直径以上或腐坑已削弱截面达50%以上的主缆钢丝，应考虑更换。

⑩主缆断丝较多时，应经过详细计算后采取降低荷载等级或加固、更换主缆等措施，保证结构的安全性。

⑪主缆线形应满足设计要求，各索股的受力应保持均匀。经检查个别索股受力出现明显偏差、松弛或过紧时，应进行调整。

⑫主缆存在线形变化时，应研究、分析原因，可考虑对主缆线形进行适当调整。

3.3.7 吊索的养护与维修

吊索的养护与维修应符合下列规定：

①应保持保护层、止水密封圈、防雨罩等处于完好状态。

②经常清除十字撑（减振架）与吊索连接部位的尘垢、积水，保持防锈涂层

完好。

③索夹及其螺杆的涂装有开裂、剥落,或索夹上缝隙间及索夹端部的填缝料有开裂、剥落时,应及时修复。

④索夹的紧固螺栓应保持在合理的受力状态,不得松动。有松动时,应及时紧固。

⑤定期对吊索系统各构件涂刷防锈漆,始终保持涂层完好。

⑥索夹腐蚀严重,或夹壁、耳板开裂,或根据检查评估结果认为索夹不能继续使用时,应更换索夹。

⑦索夹螺杆、螺母、垫圈经评估需要更换时,应逐个更换。

⑧索夹高强度拉杆应保持足够的张力,不宜超出设计值±10 kN。超出限值时,应予以调整。

⑨索夹发生滑移时,应予以恢复。

⑩具有下列情况之一时,应更换吊索:断丝数大于索体钢丝总数的 5%;索体出现严重锈蚀,锈蚀程度大于钢丝全截面的 5%;锚杯内螺纹削弱,导致承载力不能满足设计要求;吊索锚头发生裂纹或破损;使用年限超过设计使用寿命。

⑪吊杆上安装的制振十字撑断裂时,必须及时更换。

⑫吊杆索力与开通运营的索力(或前次实测数据)相差较大(超过 10%)时,应查明原因,并结合主缆线形、主梁线形的变化,研究确定是否需要调整吊杆索力。

3.3.8 索鞍的养护与维修

索鞍的养护与维修应符合下列规定:

①应及时清除主索鞍、散索鞍表面的尘土、杂物、积水(雪)。发现锈蚀,应及时除锈并重新涂刷防锈漆。索鞍的辊轴或滑板应保持正常工作状态。

②主索鞍紧固鞍座的螺栓及鞍座上加紧主缆的螺杆、螺帽有松动时,应及时拧紧;有锈蚀时,应除锈并重新涂刷防锈漆。

③索鞍防护罩应保持完好。防护罩内有除湿设备的,应保持除湿设备工作正常,出现故障应及时维修;防护罩内填充油脂应定期补充油脂。

④全铸、全焊、铸焊结合的鞍座局部出现裂纹时,可采取钻孔止裂、磨除(浅层椭圆裂纹)、补焊等措施进行处理。索鞍根部或散索鞍摇臂下部出现较严重裂

纹且无法修补时,应更换鞍座。

3.3.9　锚碇的养护与维修

锚碇的养护与维修应符合下列规定:

①应保持锚碇内外清洁,及时清除锚碇表面的青苔、杂草、灌木和污物。

②锚室内的温度、湿度应符合设计要求;应保持锚室内通风、照明、除湿系统运转正常,出现异常应及时检查维修。

③应保持锚碇的防排水系统正常工作,锚室内有渗水、积水时,应查明原因,及时排出积水,并对锚碇的防排水系统进行维修或改造。

④锚碇混凝土出现剥落、蜂窝、麻面、裂缝、露筋等病害时,应及时维修处治。

⑤锚碇及散索鞍、锚固区附近出现裂缝时,应及时维修加固。

3.3.10　阻尼器保养

①阻尼器应完整、紧密、锚固牢固、无积水、油污。

②阻尼器出现涂装锈蚀、起皮、开裂,应及时进行涂装修复。

③阻尼器出现密封不严密或出现漏油时,应及时修复或更换密封圈,并及时补充硅脂。

3.3.11　混凝土涂装日常保养

混凝土涂装表面应保持清洁、干燥。如有局部破损,应尽快进行修复。

1)表面处理

涂装前先对混凝土表面蜂窝、麻面、空洞、空鼓、局部剥落、钢筋锈胀等缺陷进行处理,确保混凝土表面平整、无错台。

2)涂装施工

根据原设计涂装体系(如有)或桥梁所处环境确定合适的涂装体系。

①封闭底漆施工:涂覆应均匀,不得露底。对蜂窝、边角等不易涂装的部位,用刷涂法进行预涂或补涂。

②腻子施工:封闭漆施工后,对可见的混凝土表面气孔、缺陷等采用环氧腻

子点补平整,确保涂层表面光滑连续。

③中间漆施工:中间漆采用机械搅拌均匀,涂膜不得有漏涂、裂纹、气泡等缺陷,涂膜厚度必须满足相应要求。

④面漆施工:涂装面漆前,应将底涂层流挂打磨平整;涂膜要求平整光滑,色泽均匀一致,同一工作面同一颜色应选择相同批号的涂料。

⑤涂层之间的涂装时间应参照使用说明及现场气温确定。

4 常见养护工程工艺及验收

4.1 钢结构涂装

4.1.1 施工前准备

①现场明确涂装修复范围、修补工艺及涂装体系,并做好标记。

②现场查勘施工措施的搭设,对于一定程度的危险性较大工程,应编制安全施工专项方案;对于超过一定程度的危险性较大工程,应组织专家进行方案论证。

③根据涂装缺陷分布情况,合理制订施工顺序、劳动力计划。

④涉及多单位参管区域,应在施工前协调办理好相关手续。

4.1.2 主要材料进场验收

①所有油漆应具备合格证并由生产厂家提供第三方检测报告,油漆桶应写明生产厂家、生产时间、生产地点。

②到场油漆应封闭完好,双组分油漆应配备足够的 B 组分材料。

③如使用的油漆较多,宜在材料进场后进行抽样送检,进一步确定油漆的技术指标符合要求。

4.1.3 主要设备、工具

①材料:底漆、中间漆、面漆、清洁剂、碱液。

②设备、工具:喷砂机、钢丝轮、低压喷洗机、软刷、高压无气喷涂机、空气喷涂机、滚筒、油漆刷。

4.1.4　施工工艺

1）表面处理

（1）钢结构表面处理

构件在喷砂除锈前应进行必要的结构预处理,包括以下内容:

①粗糙焊缝打磨光顺,用刮刀或砂轮机除去焊接飞溅物。欠焊深度为0.8 mm以上或宽度小于深度的咬边,应补焊处理,并打磨光顺。

②锐边用砂轮打磨成曲率半径为2 mm的圆角。

③切割边的峰谷差超过1 mm时,打磨至1 mm以下。

④表面层叠、裂缝、夹杂物,须打磨处理,必要时补焊。

钢结构桥梁建设过程中,预处理尤其重要,否则会因各类型的焊缝材质或电位差等,对漆膜涂层防腐性能产生极大的影响。

（2）除油脂

表面油污或脱脂剂等附着物,应采用专用清洁剂进行低压喷洗或软刷刷洗,并用淡水冲洗掉所有残余物,或采用碱液、火焰等处理,并用淡水冲洗至中性。小面积油污可采用溶剂擦洗。

不论是桥梁钢结构建设生产阶段还是使用阶段,总体油污不重,主要是在用桥梁的翻新维护防腐过程中,注意局部油污问题清理。其次,随着钢结构水性防腐涂料应用不断普及,桥梁钢结构涂装前的油污处理,需强化其危害性及清理洁净程度。

（3）除盐分

喷砂钢材表面可溶性氯化物含量不应大于7 μg/cm^2。超标时,应采用高压淡水冲洗。当钢材确定不接触氯离子环境时,可不进行表面可溶性盐分检测;当不能完全确定时,应进行首次检测。

在沿海地区或大气盐分重的涂装现场区域,裸露的钢材表面易含可溶性氯化物,应重视和注意。对于不易含可溶性氯化物的施工现场,若批量化前处理,可进行首次检测。

（4）除锈

①磨料要求：

a. 喷射清理用非金属磨料应符合《涂覆涂料前钢材表面处理 喷射清理用非金属磨料的技术要求 第1部分：导则和分类》（GB/T 17850.1—2017）的要求。

b. 根据表面粗糙度要求，选用合适粒度的磨料。

②锈蚀等级。钢材表面的锈蚀程度一般采用 A、B、C、D 4 个锈蚀等级表示。

a. 大面积覆盖着氧化膜，几乎没有铁锈的钢材表面。

b. 已发生锈蚀，并且氧化皮已开始剥落的钢材表面。

c. 氧化膜已因锈蚀而剥落，或者可以刮除，并且在正常视力观察下可见轻微点蚀的钢材表面。

d. 氧化膜已因锈蚀而剥落，并且在正常视力观察下可见普通发生点蚀的钢材表面。

e. 除锈等级及表面粗糙度要求。采用热喷锌、喷铝方式，钢材表面处理一般应达到《涂覆涂料前钢材表面处理 表面清洁度的目视评定》（GB/T 8923—2011）规定的 Sa3 级；表面粗糙度为 Rz60 ~ 100 μm。

f. 无机富锌底漆，钢材表面处理一般应达到《涂覆涂料前钢材表面处理 表面清洁度的目视评定》（GB/T 8923—2011）规定的 Sa2.5 级 ~ Sa3 级；表面粗糙度为 Rz50 ~ 80 μm。

g. 环氧富锌底漆或环氧磷酸锌底漆，钢材表面处理应达到《涂覆涂料前钢材表面处理 表面清洁度的目视评定》（GB/T 8923—2011）规定的 Sa2.5 级；不便于喷射除锈的表面，手工和动力工具除锈至《涂覆涂料前钢材表面处理 表面清洁度的目视评定》（GB/T 8923—2011）规定的 St3 级；表面粗糙度为 Rz30 ~ 75 μm。

（5）除尘

喷砂完工后，除去喷砂残渣及表面灰尘，使用真空吸尘器或无油、无水的压缩空气。对于清洁后的喷砂，灰尘清洁度要求大于《涂覆涂料前钢材表面处理 表面清洁度的评定试验》（GB/T 18570.3—2017）规定的 St3 级，即以正常或矫正视力清楚可见（微粒直径可达 0.5 mm）。残余弹丸、砂料、粉尘对漆膜附着力、外观品质等有较大影响。

（6）表面处理后涂装时间限定

一般情况下，涂料或锌、铝涂层最好在表面处理完成后 4 h 内施工于准备涂装的表面,当所处环境相对湿度小于85%,可以适当延时,但最长不应超过12 h。不管停留多长时间,只要表面出现返锈现象,应重新除锈。

2)涂装工艺

(1)涂装要求

①涂装环境要求:

a.施工环境温度为5~38℃,空气相对湿度不大于85%;钢材表面温度大于露点3℃;混凝土表面应干燥清洁;在有雨、雾、雪、大风和较大灰尘的条件下,禁止户外施工。

b.施工环境温度为-5~5℃,应采用低温固化产品或采用升温等其他措施,改善施工条件。

②涂料配制和使用时间:

a.涂料应充分搅拌后方可施工,推荐采用电动或气动搅拌装置。对于双组分或多组分涂料,应先将各组分分别搅拌均匀后,再按产品比例配制并搅拌均匀。

b.稀释剂用量也应严格按照产品使用说明要求进行添加,并充分搅拌均匀。混合好的涂料按照产品说明书的规定熟化。

c.涂料的使用时间(即适用时间),应按照产品说明书规定的适用期执行。

d.在-5~5℃施工时,涂料本身的温度需符合产品说明书的规定。

特别提示:

a.涂料开罐前,需检查涂料品牌、品种、生产及储存时间、批次、颜色等,并做记录。开桶后,需首先检查涂料的状态,若时间临近或超过储存的规定时间,应先检查涂料的产品质量,合格后方可使用。

b.混合后的双组分产品或稀释后的单组分产品,应在产品规定适用时间和要求使用。涂料黏度调节,应根据不同的施工方式以及现场施工环境条件进行施工黏度的调节。

c.调节黏度应使用与涂料配套的稀释剂或者厂商指定的稀释剂。稀释剂最大用量不应超过说明书规定的最大用量。

d.混凝土表面涂装封闭底漆,施工黏度应适当,以保证良好的渗透性。

（2）涂装方法

①大面积喷涂应采用高压无气喷涂施工。

②细长、小面积以及复杂形状构件可采用空气喷涂或刷涂施工。

③不易喷涂到的部位应采用辊涂、刷涂预涂装第一道底漆后补涂。

④刮涂用于腻子施工，特别适用于修补表面缺陷。

特别提示：

①不同的涂装方法，涂料的施工性能或稀释比要求是不同的，应参照材料供应商的技术指导和要求执行。

②对于不同的喷涂方式（低压空气喷涂、无气喷涂、空气辅助型无气喷涂等），涂料黏度、喷涂压力、喷嘴类型、喷嘴与工作面距离以及喷涂扇面等参数，应按产品说明书进行验证，以确保施工质量。

③不同厂家、不同涂料类型、不同型号的涂料产品等，产品的施工要求、施工特点都有一定区别，应严格遵守产品说明书要求执行。

④对于装饰效果要求高的部位，不管是钢结构表面还是混凝土表面，宜在底漆涂层上面、中间漆涂层下面处理腻子刮涂，并打磨平整后，涂装中间漆。

（3）涂装间隔

按照设计要求和材料工艺进行底涂、中涂和面涂施工。同涂层不同道数施工间隔时间、不同涂层间施工间隔时间应符合材料供应商的有关技术要求。超过最大重涂间隔时间时，应进行拉毛处理后涂装。

（4）二次表面处理

外表面在涂装前应采用喷射方法进行二次表面处理。内表面无机硅酸锌车间底漆完好时，可不进行二次表面处理，但要除去表面盐分、油污等，并对焊缝、锈蚀处打磨至《涂覆涂料前钢材表面处理 表面清洁度的目视评定》（GB/T 8923—2011）规定的 St3 级。

若上面涂层为无机富锌和环氧富锌涂料，应严格按表面处理等级要求处理。

（5）连接面涂装方法

①焊接结构。焊接结构应预留焊接区域。预留区域外壁推荐喷砂除锈至《涂覆涂料前钢材表面处理 表面清洁度的目视评定》（GB/T 8923—2011）规定的 Sa2.5 级，底漆采用环氧富锌涂料，中涂和面涂配套同相邻部位。内壁可打磨处理至《涂覆涂料前钢材表面处理 表面清洁度的目视评定》（GB/T 8923—

2011）规定的 St3 级。若封闭未配抽湿机的,推荐喷砂除锈至《涂覆涂料前钢材表面处理 表面清洁度的目视评定》（GB/T 8923—2011）规定的 Sa2.5 级,采用相邻部位配套进行涂装。

②栓接结构:

a. 栓接部位采用无机富锌防滑涂料或热喷铝进行底涂。摩擦面涂层初始抗滑移系数不小于 0.55,安装时（6 个月内）涂层搞滑移系数不小于 0.45。

b. 栓接板的搭接缝隙部位,分以下两种情况处理:

- 缝隙小于或等于 0.5 mm 时,采用油漆调制腻子密封处理;
- 缝隙大于 0.5 mm 时,采用密封胶密封处理。

c. 对于栓接部位外露底涂层、螺栓,涂装前应进行必要的清洁处理。首先对螺栓头部进行打磨处理,然后刷涂 1～2 道环氧富锌底漆或环氧磷酸锌底漆50～60 μm,再按相邻部位的配套体系涂装中间漆和面漆;中间涂层也可采用弹性环氧或弹性聚氨酯涂料。

（6）现场末道面漆涂装前

①应对运输和装配过程中的破损处进行修复处理;按要求对相邻部位的涂层配套进行涂装。

②应采用淡水、清洗剂等对待涂表面进行必要的清洁处理,除掉表面灰尘和油污等污染物。

③应试验涂层的相容性和附着力,整个涂装过程中要随时注意涂装有无异常。

④施工单位及监理单位相关管理人员,应随时加强涂装过程管控。

（7）涂膜养护

涂装完成后,涂膜需经过规定的养护时间后方可投入使用。在养护期间,涂膜没有完全固化,要避免造成涂膜损伤的行为。

4.1.5 检查验收

涂层表面应完整光洁,均匀一致,无破损、气泡、裂纹、针孔、凹陷、麻点、流挂和皱皮等缺陷。涂后的漆膜颜色应一致。钢结构防腐实测项目及方法见表4.1。

表 4.1　钢结构防腐实测项目及检查方法

项次	检查项目		规定值或允许偏差	检查方法和频率
1△	除锈清洁度		Sa2.5(St3)	比照板目测:100%
2△	粗糙度（μm）	外表面	70～100	按设计规定检查。设计未规定时,用粗糙度仪检查,每节拼装长度段检查6点,取平均值
		内表面	40～80	
3	总干膜厚度（μm）		符合设计要求	漆膜测厚仪检查。检测频率:10%,同类构件不应少于3件
4	附着力(MPa)		符合设计要求	划格或拉力试验:按构件数抽查1%,且不应少于3件,每件测3处

4.2　钢桥面板更换

4.2.1　施工前准备工作

编制详细的施工进度计划和交通组织方案,根据现场实际情况制订材料和设备采购计划。设备准备应注意以下两点:

1)桥面板运输设备选择

综合考虑拆除后桥面板的单块质量及尺寸,每次运输桥面板的质量、桥面板的运输距离,选取经济、实用、满足现场施工需要的桥面板运输设备。

2)桥面板架设设备选择

桥面板架设方式分为3种:第1种是在不影响交通情况下,从两侧往中间架设(架板机);第2种为占用另外一幅机动车道,利用汽车吊进行吊装;第3种则利用移动塔架进行架设。3种架设方式各有优缺点,具体见表4.2。

表 4.2 架设方案比选表

方案	方案概述	优点	缺点
架板机	桥面板拆除完成后,在桥梁两端安装专用架板机架设桥面板	1. 不影响机动车道通行,达到与机动车道完全分隔的效果; 2. 白天架设桥面板安全风险小; 3. 从两端往中间架设,施工人员走行、施工设备倒运方便; 4. 架设效率高,每联中间设两个固定支座;每块桥面板架设时,通过测量桥面板与主桁温差,计算待架桥面板与固定支座之间因温差产生的伸缩偏差;桥面板精确就位时,调整桥面板位置以消除偏差,桥面板就位后即可固定和焊接,总体施工工效高; 5. 桥面板从一联一端架设至另一端,不存在桥面板合龙偏差	1. 必须等桥面板全部拆除完成后才能进行钢梁安装工作; 2. 大临设施费用高
汽车吊	原桥桥面板拆除一定数量后,利用晚上车辆较少时段,对车行道侧封闭施工,利用 50 t 吊车吊装桥面板	1. 全桥可两点同步安装; 2. 不需要花 7～10 天拼装和验收架板机设备; 3. 原桥桥面板拆除一段距离后,可开始新桥面板架设	1. 夜间吊装安全风险较高; 2. 对桥面板高程控制极为不利,为保证桥面板线形,务必在桥面板拆除完成后对全桥钢纵梁进行线形测量,调整钢桥面板与钢纵梁间支座垫板高度;需配备不同厚度的钢垫板,使桥面板横向 8 个支座处于同一高度,保证支座密贴;由于主桁跨中起拱,还需对纵向进行高程调整,以保证伸缩缝处路面线形顺直;

续表

方案	方案概述	优点	缺点
汽车吊	原桥桥面板拆除一定数量后,利用晚上车辆较少时段,对车行道侧封闭施工,利用50 t吊车吊装桥面板	1. 全桥可两点同步安装; 2. 不需要花7～10天拼装和验收架板机设备; 3. 原桥桥面板拆除一段距离后,可开始新桥面板架设	3. 夜间桥面板精确定位难度高; 4. 由于吊机站位需占用两个车道,全桥也只能两点架设桥面板; 5. 由于桥面板与主桁全天候存在温度差,特别是白天温差较大,桥面板与主桁受温差影响伸缩量不一致,务必在晚上将桥面板与主桁锚固,此过程时间较长,吊装安装桥面板工效不高; 6. 若多联多点架设,桥面板合龙时会因桥面板伸缩导致桥面板安装产生较大误差,使固定支座失效; 7. 由于不是从两端往中间架设,导致施工人员走行、设备倒运不便; 8. 对交通影响较大
移动塔架	在安装完成的桥面板铺设轨道,安装塔架,通过旋转吊逐节段进行架设	1. 相对汽车吊,不需要支腿,减少施工安全风险; 2. 起重能力强; 3. 相对架板机,起重吊装操作简便,运转周期较短	1. 考虑移动塔架旋转吊装的特点,半幅封闭防撞护栏不能太高,安全风险较大; 2. 半幅桥面板宽度较大,移动塔架吊臂较长,对施工人员走行以及设备倒运存在妨碍和风险; 3. 对航道存在较大安全风险; 4. 塔架本身组装以及轨道铺设和调试周期长,施工效率较低

4.2.2 主要材料进场验收

钢桥面板进场后,应按照设计文件及规范对制造厂家提供的资料和实物进行检查核对,对钢桥面板的基本尺寸、偏差以及由于运输、装卸不当造成的损伤、油漆等进行详细检查。桥面板正式安装前,应进行首制件验收。

1)钢桥面板验收内容

①检查进场钢桥面板质检资料是否真实完整。

②检查焊缝检验记录。

③根据钢桥面板出厂发货清单,对进场拼接板数量进行核对,避免出现遗漏或不一致。

④按照钢桥面板成品验收表对进场钢桥面板进行验收,如表4.3、表4.4所示。

⑤检查摩擦面抗滑移系数试验记录及相关报告。

表4.3　钢桥面板外观焊缝外观验收表

项目	焊缝种类	质量标准
气孔	横向对接焊缝	不允许
	纵向对接焊缝、主要角焊缝	直径小于1.0 mm,每米不多于2个,间距不小于20 mm
	其他焊缝	直径小于1.5 mm,每米不多于3个,间距不小于20 mm
咬边	受拉杆件横向对接焊缝及竖加劲肋角焊缝(腹板侧受拉区)	不允许
	受压杆件横向对接焊缝及竖加劲肋角焊缝(腹板侧受压区)	≤0.3 mm
	纵向对接焊缝及主要角焊缝	≤0.5 mm
	其他焊缝	≤1.0 mm
焊脚余高	主要角焊缝	+2.0 mm,0
	其他角焊缝	+2.0 mm,−1.0 mm
焊波	角焊缝	≤2.0 mm(任意25 mm范围内高低差)

表4.4 钢桥面板外观验收表

项次	检查项目		规定值或允许偏差	检查方法和频率
1	外观尺寸	长度(mm)	±2.0	全站仪或钢尺量:中心线处
		宽度(mm)	±5.0	全站仪或钢尺量:测量面板宽度
		高度(mm)	±4.0	钢尺量:测量两端腹板高度
2	对角线差(mm)		3.0	全站仪或钢尺量:每个板块
3	横梁、纵梁中心距(mm)		±2.0	钢尺量:每块板2处
4	桥面板平面度(mm)		$S_1/500$ 且 ≤3.0;$S_2/300$ 且 ≤1.5	平尺或拉线:测量中部1处
5	孔位(mm)		±0.5	钢尺量:每块板2处
6	连接		焊缝尺寸	检查焊缝记录及探伤报告
			焊缝探伤	

注:S_1为横肋间距,S_2为纵肋间距。

2)主要设备、工具

主要设备、工具见表4.5。

表4.5 主要设备、工具表

序号	设备名称	用于施工部位
1	架板机	钢桥面板安装
2	平板运输车	物资运输
3	电焊设备	现场电焊作业
4	电动扳手	高强螺栓施拧
5	手动扳手	高强螺栓施拧
6	千斤顶	桥面板精调
7	红外线测温仪	钢主梁、主桁温度测量

4.2.3　施工工艺

从保证城市交通运营考虑,除新建工程外,其余大部分城市桥梁钢桥面板更换均在半幅交通通行的状况下实施,故施工工艺主要从半幅施工半幅通车进行阐述。

1)制订合理的安装工序

每块钢桥面板节段吊装到位后,连接步骤为:横梁支座连接→支座和钢桥面板栓接→焊接马板→纵横梁腹板、底板螺栓连接→面板焊接→更换腹板冲钉→板肋及U肋嵌补段焊接。为保证架设过程稳定、安全,每架设一块钢桥面板必须完成纵向拼接板安装后,方可进入下一步施工。

2)钢桥面板位移控制

①钢桥面板下放就位、精调前,由现场带班人员测量钢桥面板与既有桥梁结构温度,同时记录前一块钢桥面板支座位移量,认真填写测量记录表。

②现场技术员根据测量数据计算出待安装钢桥面板的预偏位移量,并经现场技术负责人审核。

③施工过程中严格执行监控指令,根据监控单位提供数据再次确认钢桥面板安装位置,无误后方可进入钢桥面板位置精调及连接。

3)位置精调措施

①钢桥面板初步就位后,施工人员必须借助架板机及导链、千斤顶等小型机械设备对钢桥面板进行精确定位,精调后方可进行钢桥面板连接。

②纵梁底板、腹板拼接板施工完成后,进行接口对接错边调整,即采用压力和火焰矫正的方法进行局部调整,保证板面错边不大于1.0 mm(由于吊装时的受力状态与预拼装时的受力状态不一致,使非匹配件连接部位板面发生错边)。

4)高强螺栓连接质量控制

①储运和保管:

a.大六角头高强螺栓连接副由一个螺栓、一个螺母和两个垫圈组成。

b. 高强螺栓连接副应按批配套进场,并附有出厂质量保证书。高强螺栓连接副应在同批内配套使用。

c. 高强螺栓连接副在运输、保管过程中,应轻装、轻卸,防止损伤螺纹。

d. 高强螺栓连接副应按包装箱上注明的批号、规格分类保管;对于室内存放,堆放应有防止生锈、潮湿及沾染脏物等措施,在安装使用前严禁随意开箱。

e. 高强螺栓连接副的保管时间不应超过 6 个月。当保管时间超过 6 个月后使用时,必须按要求重新进行扭矩系数或紧固轴力试验,检验合格后,方可使用。

②进场复验:

a. 高强螺栓扭矩系数在专用轴力计上测定,高强度大六角头螺栓连接副应按保证扭矩系数供货,同批连接副的扭矩系数平均值为 0.110~0.150,扭矩系数标准差应不大于 0.0100。每套连接副只做一次试验,不得重复使用。试验时,垫圈发生转动,试验无效。

b. 摩擦面抗滑移系数检验所用试件由制造厂家加工,试件与所代表构件应为同一材质、同一摩擦面处理工艺、同批制作,使用同一性能等级的高强螺栓连接副,并在相同条件下同批发运、存放且试件的摩擦面不得损伤。

c. 工地安装前的抗滑移系数复验值不应小于 0.45。

d. 扳手标定与使用管控:

- 班前班后标定合格使用;
- 班前班后领还签字制度;
- 初拧、终拧扳手分类管理与存置;
- 标定与使用人员签字登记制度;

e. 终拧质量检查:

- 螺母垫圈安装是否正确;
- 初拧、终拧过程控制(标记线)是否到位;
- 螺栓是否有转动;
- 终拧扭矩检查实测值是否符合要求。

5)现场焊接施工质量控制

施焊前,应根据技术规范及设计要求,工地焊接应做工艺评定,编制工地焊接工艺操作规程,并严格按工艺进行工地焊接。

①工地定位焊接：

a. 应根据每条焊缝的总长度来布设定位焊缝的长度和间距，一般长度为80 mm，间距为400 mm，焊脚尺寸大于4 mm，但应小于1/2焊脚高。

b. 定位焊缝可用手工焊或半自动CO_2定位焊。

c. 如定位焊缝出现裂缝或其他严重缺陷时，应把缺陷清除，再进行焊接。

②工地仰焊：

a. 严格按照所批复的工艺进行操作。

b. 在焊工考试合格人员中选择有经验的电焊工进行工地仰焊施工。

c. 焊接过程中，严格控制电流、电压值。

d. 焊缝完成后，严格按照规范要求进行检验。

③工地焊接要求：

a. 节段接口的顶板横向对接焊缝要求熔透，焊接前应检查接头坡口、间隙和板面高低差是否符合要求。

b. 焊接前，清除焊接区的锈尘；焊接作业时，层间和焊后清理应彻底。焊缝两侧经除锈后24 h内，必须进行焊接，以防接头再次生锈或被污染。否则，应重新除锈，方可施焊。

c. 面板应使用CO_2气保护焊打底、填充，埋弧自动焊盖面。

d. 工地施焊连接应按设计规定的顺序进行，设计未规定时，横向宜从桥中线向两侧对称进行，纵向焊缝顺着钢桥面板安装方向进行。

e. 工地焊接时，应设立防风、防雨设施，遮盖全部焊接处。工地焊接的环境要求为：风力应小于5级，温度应高于5 ℃，相对湿度应小于85%。

f. 有下雨天气或大风天气(5级以上)时，工地不安排焊接。

④工地焊缝的缺陷修补：

a. 对于不合格的工地焊缝，应报监理工程师同意进行修补后才能执行，修补次数不得超过两次。

b. 经返修的工地焊缝应随即打磨匀顺，并按质量要求复验。

4.2.4 验收标准

①所使用的焊接材料和紧固件必须符合设计和技术规范的要求。

②工地安装焊缝应事先进行焊接工艺评定试验，施焊应按监理工程师批准

的焊接工艺方案进行。施焊人员必须具有相应的焊接资格证和上岗证。

③按设计和有关技术规范要求进行焊缝探伤检验,检验结果应合格。同一部位的焊缝返修不能超过两次,返修后的焊缝应按原质量标准进行复验,并且合格。

④高强螺栓连接摩擦面的抗滑移系数应进行检验,检验结果须符合设计要求。

⑤线形平顺,无明显折变。

⑥焊缝均应平滑,无裂纹、未溶合、夹渣、未填满弧坑、焊瘤等外观缺陷。

⑦钢桥面板安装实测项目见表4.6。

表4.6 钢桥面板安装实测项目

项次	检查项目		规定值或允许偏差	检查方法和频率	权值
1	钢桥面板中线	轴线偏位	10 mm	全站仪:测量2处	2
		两孔相邻纵梁中线相对偏位	符合设计要求		
2	钢桥面板底高程	横梁处	±10 mm	水准仪:每支座1处	2
3△	连接	焊缝尺寸	符合设计要求	量规:检查全部	2
		焊缝探伤		超声:检查全部;射线:按设计规定,设计无规定时按10%抽查	3
		高强螺栓扭矩	−10%,0	测力扳手:检查5%,且不少于2个	

4.3 高强螺栓养护及更换

4.3.1 施工前准备工作

1)高强螺栓计划及采购

安排人员准确量取需修复处的钢梁板厚,进行记录并标记其对应位置。对记录数据进行计算,确定所需修复高强螺栓的型号、规格及数量,并充分考虑高强螺栓试验所需的数量,制订高强螺栓采购计划,按计划组织采购供应。

2)高强螺栓进场验收

①在高强螺栓包装箱醒目的位置注明规格、批号、数量、生产日期等,以便于记录。

②高强螺栓连接副由一个 10.9S 高强度大六角头螺栓、一个 10H 高强度大六角螺母和两个 HRC35~45 高强度垫圈组成。

③高强螺栓的规格尺寸、技术条件,除应符合《钢结构用高强度大六角头螺栓、大六角螺母、垫圈技术条件》(GB/T 1231—2006)的规定外,还应满足扭矩系数平均值为 0.11~0.15 的要求。

④验收时,提供产品质量检验报告书及出厂合格证,对产品进行抽查验收,并做好检验记录,不合格者不得使用。

3)高强螺栓试验

①每批次高强螺栓进场后,必须进行扭矩系数试验和硬度试验。高强螺栓的试验应针对高强螺栓断裂情况抽查相应的试验数量,且应由相应资质单位出具的检测报告;根据实测高强螺栓扭矩系数,结合相关规范,正确确定施工中高强螺栓的扭矩系数,保证高强螺栓终拧预拉力满足设计要求。

②施拧工具标定:确定合适的标定方法、选用适宜的标定设备是保证表盘扳手输出扭矩准确的重要条件,高强螺栓施拧拟采用"扭矩、轴力检测仪"(以下简称"扭轴仪")进行表盘扳手标定。施拧扳手标定情况,应具有相应资质单位出具的检测报告。同时,应做好仪器的安装、调试工作,熟悉仪器的性能和操作方法,并报请当地计量部门对仪器进行计量检定。

③紧扣检查扭矩试验:高强螺栓终拧后必须进行终拧质量检查,检查采用"紧扣法",检查应由专职技术人员负责。操作人员必须有较强的责任心、经培训合格后相对固定地从事终拧质量检查工作。紧扣检查扭矩试验由以上操作人员参加进行,根据试验结果确定本次高强螺栓终拧检查扭矩。

以上①、②项高强螺栓试验均委托具有相应资质的单位进行。

4）高强螺栓施拧准备

①孔道的清理：安装前，必须对孔道周边及孔道内的污垢、锈迹和其他附着物进行清理，以保证高强螺栓与主桁贴合紧密，栓接良好。

②根据现场情况，确定好螺母安装方向。

5）施拧扳手标定

①施拧采用表盘扳手进行施拧，对表盘扳手进行编号使用，不得随意配套使用。

②施拧前后都必须标定施拧扳手，标定结果由技术人员记录并签认。

③标定人员应相对固定地从事标定工作，且应熟悉施拧扳手和扭轴仪的操作规程并按规定操作。

④施拧扳手在扭轴仪上进行标定，标定次数为使用前和使用后各一次。标定误差规定为：使用前标定不得大于规定值（规定值另行通知）的 ±3%；使用后标定不得大于规定值的 ±5%。若使用前标定误差大于 ±3%，应调整至 ±3% 以内；若使用后标定误差大于 ±5%，应立即检查并有校验记录，同时对该扳手当班施拧的高强螺栓全部进行紧扣检查。

⑤标定施拧扳手时，全部采用当天上桥安装的同型号、同批次的高强螺栓进行施拧扳手的标定。

⑥紧扣检查用的表盘扳手，使用前必须标定。标定采用挂重法，其扭矩误差不得大于所使用扭矩的 ±1%。

4.3.2 主要材料进场验收

高强螺栓、螺母和垫圈的制造应符合相关标准：

①高强螺栓应符合《钢结构用高强度大六角头螺栓》（GB/T 1228—2006）的要求。

②螺母应符合《钢结构用高强度大六角螺母》（GB/T 1229—2006）的要求。

③垫圈应符合《钢结构用高强度垫圈》（GB/T 1230—2006）的要求。

④高强螺栓、螺母及垫圈的技术条件应符合《钢结构用高强度大六角头螺栓、大六角螺母、垫圈技术条件》（GB/T 1231—2006）的要求。

4.3.3　主要设备、工具

主要设备、工具有扳手、安全绳、安全网、安全带、螺栓、反光背心、安全帽、油漆、油漆刷、钢丝刷、棉纱。

4.3.4　施工工艺

1)基层处理

①摩擦面处理:摩擦面不允许有锈迹,应用刮刀、铲刀去除疏松油漆和附着的铁锈层,采用粗硬毛的钢丝刷或 3 号粗铁砂布对除锈表面进行打磨。摩擦面应防止被油或油漆等污染,如污染,应彻底清理干净。安装高强螺栓时,摩擦面应始终保持干燥状态,不得在雨中作业。

②检查螺栓孔的孔径尺寸,孔边有毛刺必须清除掉。

2)高强螺栓施拧(全部高强螺栓采用扭矩法施拧)

①高强螺栓施拧分初拧、终拧两部分进行。初拧前,应检查拼接部位的高强螺栓是否符合设计要求。

②初拧完毕的高强螺栓逐个用敲击法检查。初拧检查合格后,用白色油漆在螺栓、螺母、垫圈及构件上画线标记,以便终拧后检查有无漏拧以及垫圈或螺栓是否随螺母转动。(检查方法:螺栓、螺母、垫圈之间的画线均未错动者为漏拧;螺栓、螺母的画线未错动者为螺栓随螺母转动;螺母、垫圈的画线未错动者为螺母转动)。

③安装时,螺栓头一侧及螺母一侧应各放置一个垫圈,垫圈有内倒角的一面应朝向螺栓头和螺母支承面。

④严禁使用生锈、螺纹损坏、表面潮湿或有灰尘、砂土和表面状况发生变化的高强螺栓。凡表面状况发生变化的高强螺栓,应返回原生产厂家重新进行表面处理。重新处理后,按原供货要求进行复验,合格后方可使用。

⑤为防止螺栓在施拧时出现卡游现象,施拧时必须用套筒扳手卡住螺栓头(卡游现象指拧紧螺母时,螺栓跟着转动)。

⑥温度与湿度对扭矩系数影响很大,当温度与湿度变化较大时,可根据当天

上桥高强螺栓在扭轴仪上标定电动扳手时所得的扭矩系数,调整终拧扭矩,保证结构安全。

⑦桥上当天穿入节点板中的高强螺栓必须当天初拧或终拧完毕。终拧扭矩检查应在 4 h 以后、24 h 以内进行。雨天、大雾天气和夏季烈日下,不得进行高强螺栓施拧。

⑧对高强摞栓及孔道内的污物和锈迹进行处理。

⑨清理完成后,断裂处新安装螺栓涂刷特制环氧富锌底漆(两遍、膜厚≥80 μm)、环氧云铁中间漆(2 遍、膜厚≥80 μm)、丙烯酸脂肪族聚氨酯面漆(两遍、膜厚≥80 μm)。

⑩涂装完成后,对该高强螺栓做标记以示区别。

4.3.5　验收标准

组成高强螺栓连接副的螺栓、螺母和垫圈的形式尺寸、技术条件及标志应符合《钢结构用高强度大六角头螺栓》(GB/T 1228—2006)、《钢结构用高强度大六角螺母》(GB/T 1229—2006)、《钢结构用高强度垫圈》(GB/T 1230—2006)的规定。

1)螺栓、螺母及垫圈的性能等级和材料技术指标

螺栓、螺母及垫圈的性能等级和材料应符合表4.7 中各项指标的要求。

表4.7　螺栓、螺母及垫圈的性能等级和材料技术指标要求

类别	性能	材料	标准	使用规格
螺栓	10.9S	20MnTiB	《合金结构钢》(GB/T 3077—2015)	≤24
		35VB	—	≤30
螺母	10H	45、35	《优质碳素结构钢》(GB/T 699—2015)	—
		15MnVB	《合金结构钢》(GB/T 3077—2015)	
垫圈	HRC35~45	45、35	《优质碳素结构钢》(GB/T 699—2015)	—

2)螺栓机械性能

①用螺栓原材料制成的试件在进行拉力试验时,试验结果应符合表4.8 的

规定。

表 4.8　螺栓原材料制成的试件试验结果

性能等级	抗拉强度 σ_b(MPa)	屈服强度 $\sigma_{0.2}$(MPa)	伸长率 δ(%)	收缩率 ψ(%)	冲击韧性 α_k(J/cm²)
10.9S	1 040 ~ 1 240	>940	>10	>42	>59

②进行螺栓楔负载试验时,拉力应符合表4.9的要求,且断裂应发生在螺纹部分或螺纹与螺杆的交界处。

表 4.9　螺栓楔负载试验结果

螺纹规格		M22	M24	M30
螺纹的应力截面积(mm²)		303	353	561
10.9S	拉力荷载(N)	315 000 ~ 376 000	315 000 ~ 376 000	315 000 ~ 376 000

3)高强螺栓连接副的扭力系数

①同批连接副的扭矩系数应控制在 0.11 ~ 0.15,扭矩系数标准差控制在0.010以下。

②高强螺栓连接副由一个 10.9S 高强度大六角头螺栓、一个 10H 高强度大六角螺母、两个硬度为 HRC35 ~ 45 的高强度垫圈组成。

③高强螺栓连接副扭矩系数保证期为自出厂之日起 12 个月。

4)高强螺栓施拧

①高强螺栓施拧质量按照《铁路钢桥高强度螺栓连接施工规定》(TBJ 214—92)的规定进行。由专人负责施拧质量检查,当天施拧的高强螺栓施拧质量应在螺栓终拧完成的 4 h 以后、24 h 以内检查完毕,并做好检查记录。

②初拧检查,使用 0.3 kg 小锤敲击螺母一侧,用手按住相对的另一侧,如颤动较大者即认为不合格,应予再初拧。初拧检查由螺栓施拧工班自检。

③终拧检查,先按前述检查画线错开情况的办法,确定初拧时有无漏拧以及垫圈或螺栓是否随螺母转动,之后用表盘扳手进行检查(如螺栓随螺母转动,应

卡死螺栓头）。采用紧扣法检查扭矩时，超拧值或欠拧值均不得大于规定值的10%（"规定值"经试验确定）。

④紧扣检查，即对已终拧高强螺栓沿拧紧方向转动螺母，检查螺母刚刚转动时的紧扣扭矩。紧扣检查前，先在螺母、垫圈上画一细直线，以观测螺母转动情况。检查合格后，在螺栓末端点用黄色油漆标记。

4.4 铆钉养护与更换

4.4.1 施工前准备工作

铆钉施工前，需对全桥铆钉进行检查，重点检查部位为下平联桥墩支座处铆钉、上平联伸缩缝处铆钉。

经过长时间的使用，铆钉常见的病害主要有钉头和钉身部分的锈蚀、在偶发高应力条件下的塑性变形以及铆钉孔边的开裂和裂纹扩展等。

由于现有的无损检测无法明确探测上述病害，因此最恰当的检测方法为：按照一定的抽样规则，取部分铆钉进行铲除检查，顶头铲掉后，检查铆钉孔的开裂现状和钉身段腐蚀状况。将取下的铆钉材料进行试验，开展化学成分、金相组织、机械性能等方面的试验，以检查铆钉材料的劣化情况。

1）检测内容

为评估铆钉的现状是否适宜继续使用，应进行铆钉检测，主要的检测内容如下：

①铆钉的外部腐蚀现状普查；

②抽取铆钉，评定铆钉内部腐蚀和材料劣化情况；

③抽取典型铆钉接头进行承载力试验。

2）旧铆钉适用性评价

①普查全桥铆钉现状，统计每个节点区铆钉的腐蚀比例。

②抽取外部腐蚀情况较典型的节点区域进行取样，去除铆钉头，观察内部腐蚀情况。抽样率控制在10%左右。

③观察铆钉孔有无裂纹萌生。

④对现场取样点铆钉进行材料化学成分、金相组织、机械性能等方面的试验分析。

⑤对不适宜继续使用旧铆钉的节点进行更换,对可以继续使用的节点区进行外观修饰。

3)检查方法

(1)外观检查

用钉头卡规测量钉头外形是否合格;用肉眼可观测钉头缺陷,如钉头裂纹、锈蚀烂头、打伤钢板、钉头飞边及歪斜等,并用弦线及千分卡尺、钢尺等测量其数值。铆钉头与钢板不密贴可用塞尺检查。对于旧铆钉,如发现铆钉头处有流锈痕迹或周围油漆有裂纹时即为松动铆钉。

当旧铆钉钉头实际直径 < 钉杆标准直径 + 8 mm 或钉头实际高度 < 钉头标准高度的70%时,即为烂头。

(2)锤击检查

①听音:用0.2 ~ 0.4 kg 检查小锤敲击钉头,如发出哑声或震动的声音,就是松动的铆钉。但这个方法不易掌握,要多敲多听,重敲细辨,屏气静听,才能辨别。

②敲模:用手指按住钉头的一侧,用检查锤敲打钉头的另一侧,如果感到震手或铆钉颤动就是松动铆钉。若没有把握,也可辅以一根圆头棒。圆头棒是一根长 120 mm 的铁棒,圆头直径 12 mm,敲打时将圆头棒贴紧被敲打钉头的一侧。如果铆钉松动,则圆头棒就会跳动。

(3)铲钉抽查

铲钉抽查多在新梁铆合时采用。对于上下弦杆,每个节点或部位抽查 2 ~ 4 个铆钉。铲除钉头,冲出钉杆,按杆长分段测量 3 个断面直径。同样用测径内规测量相应的钉孔直径,计算孔径及钉径平均值,两平均值之差不得超过 0.4 mm,且同一截面的相应直径差不得超过 0.6 mm。不合格者,应补铲铆钉再检查;铲下钉数中有 80%以上合格者,方符合质量标准。

由于锤击检查对握距较大的铆钉,很难正确判断钉杆是否填满钉孔,故厚板束新梁铆合时采用铲钉法检查,铲钉应选具有代表性的铆钉进行。

4.4.2　主要材料进场验收

铿钉进场前需进行进场验收,其技术条件需满足《铿钉技术条件》(GB/T 116—1986)的要求,具体见表4.10。

表4.10　铿钉进场验收项目

项目	内容	检查方法
型式规格	尺寸与公差	游标卡尺、样板、通用量具
外观检查	表面应光洁无毛刺,不允许有锈斑、裂纹、刮伤、凹痕及其他机械损伤	目测视检
性能检查	可铿性试验、剪切强度试验	试验检查
标志和包装	供方名称,供方地址,产品名称,型号、规格,供方质检部门检验印章,生产日期或批号	目测视检

4.4.3　主要设备、工具

1)加热炉

加热炉是铿接前用来加热铿钉的,常用的加热炉有焦炭炉、重油炉、电炉等。焦炭炉、重油炉加热铿钉时,铿钉的加热温度、加热时间等均由人工控制,对操作人员要求比较高,效率低且加热质量不易控制。可采用自动化程度比较高的全固态电磁感应加热炉(图4.1),其具有加热速度快、效率高、因加热时间短而使工件表面无氧化层、操作简便、安全环保无污染、方便控制加热温度和加热时间、容易保证加热质量和流水作业等优点。

加热炉的操作规程如下:

①根据加热工件选择安装合适的感应圈。

②接通外电源,风扇应转动,否则检查外电源。

③水泵电源开关拨至"ON",水泵工作并检查水流量。

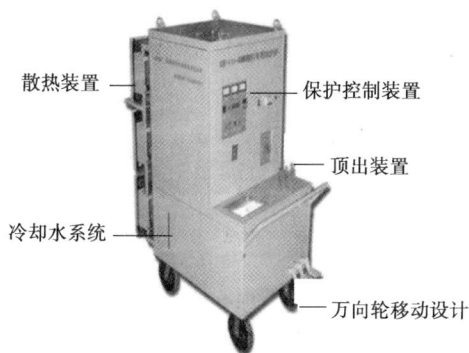

| (a)铆钉加热炉结构 | (b)铆钉加热炉烧钉 |

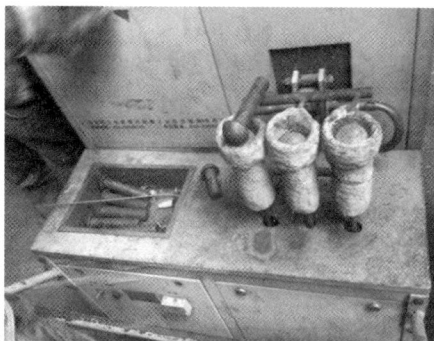

图4.1　全固态电磁感应加热炉

④将面板"手动-自动"开关置于"手动"。

⑤打开面板"电源"开关(即空气开关)。

⑥打开主机"电源开关","电源"指示灯亮。

⑦将工件放入感应圈内,严禁出现感应圈短路;用脚踩下脚踏开关(或按下面板加热开关),开始加热工件,待工件达到温度要求时,断开脚踏开关(或按起面板加热开关)。

⑧若使用定时操作,先设置定时时间,再将"手动-自动"开关置于"自动";重复使用时,按"定时复位"或"启动"开关即可。

⑨踩动踏板顶出工件,加热,放置另一工件,重复⑦、⑧步骤。

⑩全部完工后,关闭主机"电源开关"。

⑪关闭面板"电源"开关(即空气开关)。

⑫5 min 后再关闭水泵电源开关。

⑬其他可参照面板功能表。

2)碳弧气刨、磁力钻

采用碳弧气刨技术对原有铆钉钉头进行刨除(图4.2),然后用铁锤或配合磁力钻取芯后将钉杆冲出(图4.3),完成原有旧铆钉的拆除。

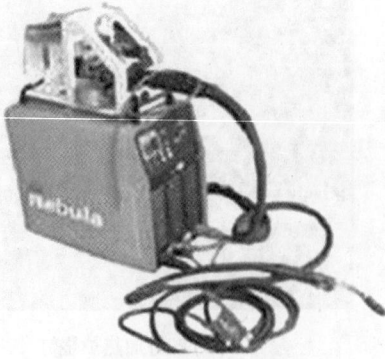

图4.2 碳弧气刨

图4.3 磁力钻

3)接钉桶、夹钉钳、铆钉锥枢

①接钉桶:形似喇叭漏斗,接已加热的铆钉用。

②夹钉钳:用来夹持烧红的铆钉,穿入铆孔内。

③铆钉锥枢(俗称"过冲"):钢梁拼装时,板束孔错位较小,在铆合前用铆钉锥枢修正。铆钉锥枢用碳素钢旋制。

4)顶把(风动或手动)

风顶把分为普通式和冲击式两种。冲击式风顶把适用于钉杆较长($L>$100 mm),受结构杆件空间限制,不能采用双枪对铆的铆接处。手顶把可以使用杠杆顶把或丝杠顶把,可根据铆钉部位的不同和空间大小采用。图4.4所示为较常用的反正扣丝杠顶把,可以任意调节长度。

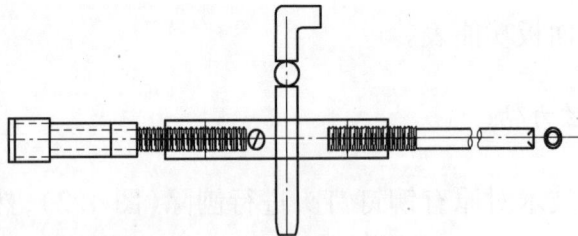

图4.4 反正扣丝杠顶把示意图

5)铆钉枪

铆钉枪是用来铆合铆钉的,分为自带顶把装置和不带顶把装置两种,如图

4.5 至图4.8 所示。工厂内制造杆件时,在空间位置允许的情况下,采用自带顶把装置的铆钉枪,操作方便、效率较高,铆接质量较好。工厂制造或现场安装时,在空间位置不允许的情况下,采用不带顶把装置的铆钉枪,效率相对较低。铆钉枪常用性能规格如表4.11 所示。

图4.5　工厂自动铆钉枪

图4.6　自带顶把手持式铆钉枪

图4.7　不带顶把手持式铆钉枪

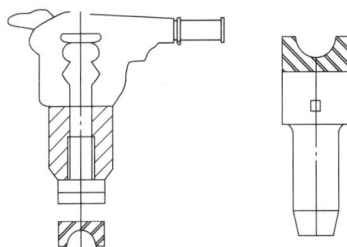

图4.8　铆钉枪窝头示意

表4.11　铆钉枪常用性能规格表

项目		单位	型号	
			M22	M28
铆钉最大直径		mm	22	28
锤体	直径	mm	27	27
	行程	mm	227	265
	质量	kg	0.3	0.35
使用气压		MPa	0.5~0.6	0.5~0.6
冲击能量		N·m	25	38
质量		kg	9.5	10.5

6）空气压缩机、储气罐

空气压缩机是用来对铆钉枪、风动旋刀、铆钉孔铰刀和风顶把提供动力的设备。一般采用 2.0 m^3/min 以上规格的空气压缩机 2~3 台作为风动设备。空气压缩机必须配套体积不小于 6 m^3 的储气罐，以保证风压。

4.4.4 施工工艺

1）铆接施工工艺要求

①一般情况下，采用的铆钉为半圆头铆钉。当净空受限制，要求钉头突出板面的高度较小时，则可采用半埋头铆钉。如要求钉头不突出板面，便于与其他板密贴，应采用埋头铆钉。当连接处板束很厚（大于 4.5 倍钉径）时，应采用高头锥体铆钉。

②铆钉长度的确定。铆接时，若铆钉杆过长，铆成的钉头就会过大或过高，且容易使钉杆弯曲；铆钉杆过短，则钉头不足而影响铆钉强度或刻伤板料。因此，铆钉长度的选择非常重要。

a.半圆头铆钉未铆合前，钉杆长度计算公式为：

$$L = 1.1 \sum \delta + 1.5d + 旧眼的调整数 2~6\ mm（旧杆件更换铆钉时）$$

$$L = 1.1 \sum \delta + 1.5d（新制杆件时）$$

b.半沉头铆钉未铆合前，钉杆长度计算公式为：

$$L = 1.1 \sum \delta + 0.8d + 旧眼的调整数 2~6\ mm（旧杆件更换铆钉时）$$

$$L = 1.1 \sum \delta + 0.8d（新制杆件时）$$

c.半沉头铆钉未铆合前，钉杆长度计算公式为：

$$L = 1.1 \sum \delta + 1.1d + 旧眼的调整数 2~6\ mm（旧杆件更换铆钉时）$$

$$L = 1.1 \sum \delta + 1.1d（新制杆件时）$$

式中　$\sum \delta$——被连接件总厚度，mm；

　　　L——铆钉长度，mm；

　　　d——铆钉直径，mm。

铆钉杆长度计算确定后,再通过试验,至合适时为止。图4.9所示为板束与铆钉尺寸关系示意图。

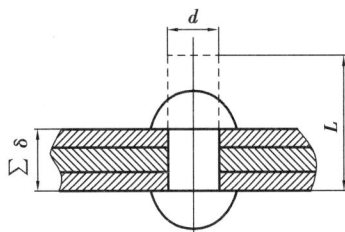

图4.9　板束与铆钉尺寸关系示意图

③铆接前,应对组装和扩孔的质量进行检查,如板层缝隙、钉孔飞刺,超限的要进行修正。

④铆钉杆加热应均匀,钉梢应比钉根温度略高。用风动铆钉枪铆接时,铆钉加热温度为1 000 ~ 1 100 ℃,用铆钉枪铆合时烧至650 ~ 750 ℃铆接的终铆温度控制在450 ~ 600 ℃(采用数显示热电偶测温设备)。

⑤加热的铆钉穿钉前,应清除表面附着的杂质和氧化膜。

⑥铆接时,应经常检查风压,施铆风压不应小于0.55 MPa。

⑦铆合开始后,应进行必要的垂直镦打,直到钉孔填实,然后再晃动风枪形成钉帽,并注意不要刻伤板面。

⑧铆合顺序应先铆没有螺栓、冲钉的孔,然后去掉螺栓、冲钉,铆合其余钉孔。螺栓不得拆除过早、过远,以免板层产生缝隙。

2)铆接工艺试验

由于新一代的铆接技术尚无标准及规范可循,需要通过试验来制订具体的施工工艺、操作规程。因此,为确保桥梁的安全可靠性,必须进行铆接工艺试验。

取2根2.32 m的∟75等边角钢和2块240 mm×150 mm×8 mm的节点板,按如图4.10所示用铆钉铆接进行铆接工艺试验。首先进行新制杆件铆接工艺评定,然后取其中10个铆钉铲除后,进行旧杆件铆钉更换模拟试验。试验时,采用逐个铲除、逐个更换的原则进行试验。

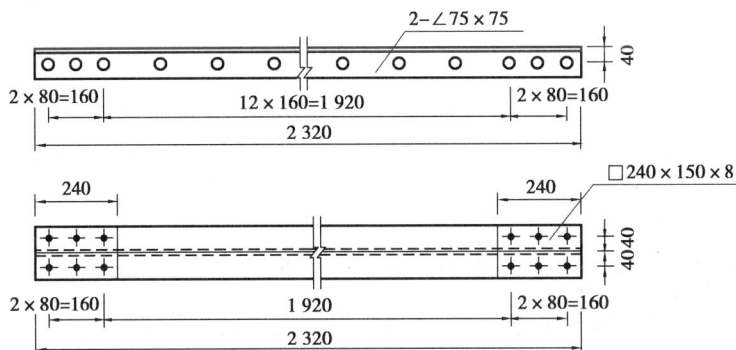

图4.10　铆钉铆接示意图(单位:mm)

试验过程中,对铆钉与板件的密实度、钉杆长度、钉杆直径与孔径的关系、热铆温度进行试验和检验。

3)铆钉检查

铆钉检查包括新铆钉铆接质量是否符合要求和旧铆钉是否需要进行更换。铆钉检查方式分为外观检测、锤击检查、铲钉抽查。

(1)外观检查

用钉头卡规测量钉头外形是否合格;用肉眼可观测钉头缺陷,如钉头裂纹、锈蚀烂头、打伤钢板、钉头飞边及歪斜等,并用弦线及千分卡尺、钢尺等测量其数值。铆钉头与钢板不密贴,可用塞尺检查。对于旧铆钉,如发现铆钉头处有流锈痕迹或周围油漆有裂纹时即为松动铆钉。

当旧铆钉钉头实际直径 < 钉杆标准直径 + 8 mm 或钉头实际高度 < 钉头标准高度的70%时,即为烂头。

(2)锤击检查

①听音:用0.2~0.4 kg 检查小锤敲击钉头,如发出哑声或震动的声音,就是松动的铆钉。但这个方法不易掌握,要多敲多听,重敲细辨,屏气静听,才能辨别。

②敲模:用手指按住钉头的一侧,用检查锤敲打钉头的另一侧,如果感到震手或铆钉颤动就是松动铆钉。若没有把握,也可辅以一根圆头棒。圆头棒是一根长120 mm 的铁棒,圆头直径12 mm,敲打时将圆头棒贴紧被敲打钉头的一侧。如果铆钉松动,则圆头棒就会跳动。

(3)铲钉抽查

铲钉检查多在新梁铆合时采用。对于上下弦杆,每个节点或部位抽查2~4个铆钉。铲除钉头,冲出钉杆,按杆长分段测量3个断面直径。同样用测径内规测量相应的钉孔直径,计算孔径及钉径平均值,两平均值之差不得超过0.4 mm,且同一截面的相应直径差不得超过0.6 mm。不合格者,应补铲铆钉再检查;铲下钉数中有80%以上合格者,方符合质量标准。

由于锤击检查对握距较大的铆钉,很难正确判断钉杆是否填满钉孔,故厚板束新梁铆合时采用铲钉法检查,铲钉应选具有代表性的铆钉进行。

4)铆钉拆除

采用碳弧气刨技术对原有铆钉钉头进行刨除,然后用铁锤或配合磁力钻取芯后将钉杆冲出,完成原有旧铆钉的拆除。这种方式作用点较小,操作可控,不会损伤原结构。

碳弧气刨是刨除铆钉头的设备。磁力钻是配合取出旧铆钉钉杆的设备。拆除铆钉的具体施工流程如图4.11所示。

(1)碳弧气刨一般要求

①碳弧气刨的电极材料应选用碳弧气刨专用的碳棒,且符合有关要求。碳棒断面一般为圆形。碳棒在保管时应保持干燥。使用前如发现碳棒受潮,应烘干后使用。烘干温度为120 ℃左右,保温 2 h。

图 4.11 旧铆钉拆除工艺流程图

②应选用侧向送风的碳弧气刨枪,以保证金属熔渣的清除。

③碳弧气刨必须采用直流电源,手工碳弧气刨应采用陡降外特性的直流电源。碳弧气刨一般所需电流较大,连续工作时间长,故应选用功率较大的直流焊机。若选用硅整流焊机作电源时,更应防止超载,以确保金属熔渣的清除。碳弧气刨电源极性的选用根据材质而定,碳钢、合金钢一般选用直流反接。

④碳弧气刨用的压缩空气必须清洁干燥,必要时应采用过滤装置。碳弧气刨用的压缩空气应有足够的压力和流量。常用的压力为 0.4 ~ 0.6 MPa,流量为 0.85 ~ 1.7 m³/min。

⑤从事碳弧气刨的工人应经过培训合格,操作前应熟悉所使用的设备。

⑥碳弧气刨工作前,应清理工作场地,在 10 m 范围内应无易燃、易爆物品,并做好以下检查:

a.电源线及接地(焊件)线连接应牢固。采用自动碳弧气刨时,信号(电弧电压)线应可靠连接在焊件上。

b.气路连接应可靠、畅通、无泄漏现象,仪表完好。

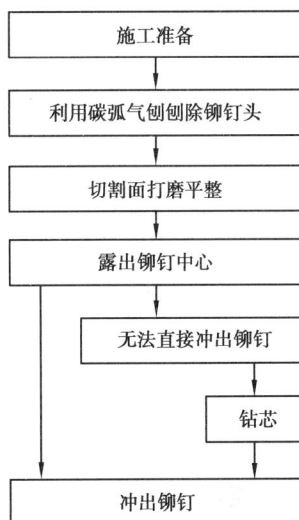

（2）碳弧气刨操作要点

①将碳棒夹持在碳弧气刨枪上，碳棒伸出长度一般为 80～100 mm。当烧至 30～40 mm 时，应重新夹持到伸出长度。

②应先送风后引弧，防止引弧时产生夹碳现象。

③电弧长度应保持在 1～2 m。

④碳棒与焊件夹角一般为 25°～40°。

⑤引弧后的气刨速度应稍慢一点，待金属材料被充分加热后至正常气刨速度。

⑥气刨结束后，应先熄弧后断气，以使碳棒冷却。

⑦气刨结束后，应彻底清除刨槽及其两侧的氧化皮、黏渣、飞溅等。

（3）磁力钻取芯操作要点

用碳弧气刨除去铆钉钉头后，应用磨光机除去结构表面毛刺等杂物。如需钻芯，应在露出铆钉中心打一冲点，作为磁力钻钻头定位，再用磁力钻在铆钉杆上钻孔。钻头直径应比铆钉直径略小 4～6 mm，钻芯深度可根据铆钉铆合厚度确定。铆合层薄的，可钻芯深度为 20～30 mm；铆合层厚度较大时，可适当增加。当钻芯深度仍不足以冲出钉杆时，也可钻穿整个铆钉杆。

5）旧铆钉孔清孔

除去钉头后，就可利用冲子将钉杆冲出。如用冲钉冲出有困难时，也可用钻除法钻去钉杆。旧钉杆冲出后，应将孔内铁渣铁锈等清除干净。如发现钉孔孔壁不平或错孔等，应用风钻装上铰刀进行铰平；微小的铆头，可用冲头冲平，如错孔偏斜过大，应更换较大直径的铆钉。

6）新钻铆钉孔

（1）铆钉孔的制作

铆钉孔采用钻孔和铰孔的方法制作，以确保成孔后的质量和精度。根据钻孔部位的结构特点和孔径大小选择钻孔装置及型号，使用标准的麻花钻头或空心钻头。

（2）铆钉孔的制作要求

①铆钉孔圆度应在铆钉孔直径极限偏差内。

②铆钉孔的表面粗糙度值不大于 50 μm。

③铆钉孔轴线应垂直于零件表面。由于孔的偏斜而引起铆钉头与零件贴合面的单向间隙,应不大于 0.05 mm。

④在楔形件上,铆钉孔轴线应垂直于楔形件两斜面夹角的平分线。

⑤铆钉孔不得有棱角、破边和裂纹。

⑥铆钉孔边的毛刺应清除,在孔边形成的倒角不大于 0.2 mm。尽可能分解铆接件,清除贴合面孔边的毛刺。

(3)铆钉孔的装配与修整

铆接件装配时,必须将板件上的钉孔对齐,用相应规格的螺栓拧紧。在杆件装配过程中,部分孔会因误差造成错位,所以铆接前需修整全部钉孔,使之同心并确保穿钉顺利。同时,预加工中留有余量的钉孔也要修正。为使杆件之间不发生移位,还需将修整的钉孔尽量一次铰完,并先铰未拧螺栓的钉孔,再铰已拧入螺栓又卸掉后的孔。

7)烧钉

首先根据铆合板束的厚度选择适当长度的铆钉,依照作业的先后排好顺序,依次放入全自动铆钉电感应加热炉中加热。整个铆钉应均匀受热,钉梢应比钉根温度略高。

用铆钉枪铆合时,铆钉应加热至 1 000 ~ 1 100 ℃,温度过高或过低均有害铆钉质量,并应全部烧成同样质量,不然有尾部较暗或头部较白的现象,然后用钳子钳出,投掷至作业地点顶铆。

高头锥体铆钉加热时,应使钉头加热到所需的较高温度(1 150 ℃)。

8)铆合

所有铆合部分,应将拼装螺栓周而复始地分二、三次进行拧紧,使螺栓逐渐均匀受力,使板束密贴。如板束较厚时,还应用大锤锤击。螺栓拧紧后,用 0.3 mm 的千分页试插板间空隙,插入深度不能大于 20 mm。

铆钉送入钉孔前,应先将烧红的铆钉在附近硬物上敲打,除去焦皮和渣滓,然后插入钉孔内,立即用风顶把顶严,不使钉头与钢板间有空隙。铆合时,铆钉枪必须与铆钉呈一直线,要将窝头对正钉杆铆钉。铆钉枪的工作风压应为

0.55~0.7 MPa,以 0.6~0.7 MPa 为宜。铆合时,应使钉杆填满钉孔。这主要取决于铆合开始 2~3 s 的"小风慢打"阶段,使铆钉镦粗,塞满钉孔,然后快打,使之紧密,并铆打成钉头,最后铆钉枪可围绕铆钉周围转 2~3 圈,使钉头充分密贴钢板,并使之光洁。切忌先开大风快打或以断续急打来代替"小风慢打",因为这样会先打成铆钉头而不宜镦满钉孔。铆合作业越快越好,锤击时间应在 20 s 左右,务使钉头在铆妥时仍呈暗红色(铆接的终铆温度控制在 450~600 ℃)。如铆合时间过长,铆钉不易将钢板夹紧。

当铆合的板束厚度超过钉径的 4.5 倍,或使用直径大于 25mm 的铆钉时,应用两支铆钉枪对铆,或用冲击式风顶。高头锥体铆钉加热至要求温度,在未插入铆钉前,应用水冷却钉杆端部(挤铆成钉头部分)约 1 s,以便更好地镦满钉孔。

4.4.5 验收标准

铆完后,应认真进行检查验收。如发现松动或临近未更换的铆钉松动时,应拆除重铆。铆钉铆接质量应符合表 4.12 的规定。

表 4.12 铆钉铆接质量要求

序号	项目	示意图	容许限度
1	用锤敲打时钉头振动		不允许
2	钉头周围全部与杆件不密贴		不允许
3	钉头周围局部与杆件不密贴		不允许

序号	项目	示意图	容许限度
4	钉头周围经过修整而内部空虚		不允许
5	钉头裂纹		不允许
6	打伤钉头		$a < 2$ mm
7	钉头偏心		$b < 0.1d$
8	钉头周围部分不圆整		$a + b < 0.15d$
9	钉头周围全部不圆整		$a + b < 0.1d$

续表

序号	项目	示意图	容许限度
10	钉头小		$a + b < 0.1d <$ $c < 0.5d$
11	钉头高		$c < 3$ mm
12	钉头有飞边		$a < 3$ mm $b = 0.5 \sim 3$ mm
13	窝头伤及钢料		$b < 0.5$ mm
14	钉头不平或麻面		$a < 0.5$ mm

序号	项目	示意图	容许限度
15	沉头钉钉头凸出		$a < 0.5$ mm
16	沉头钉钉头凹进		$a < 0.5$ mm
17	沉头四周或局部不紧贴		$a < 0.1d$

注:①密贴检查用 0.1 mm 塞尺。

②表内第 12 项缺陷,当 $b < 0.05$ mm 时应清除。

4.5　索结构更换

1)临时工程设置方案

结合桥梁周边环境,科学布设总平面分布图,合理规划生活区、办公区、生产设施和施工便道。做好临时工程的前期设计施工工作,敷设施工用水、电、通信等。

2)施工总体安排

前期准备工作→贯通主桥的安全施工围栏→索塔安全人行爬梯→塔外可升

降平台→垂直起吊系统安装→梁底挂架→水平运输及放索系统→牵引、张拉系统设备的选择、设计与加工→桥面索导管处凿除混凝土,露出将军帽→梁底部混凝土凿除。

3)换索顺序

原则上采取封闭一侧交通,斜拉索更换的顺序应从上到下进行更换,封闭上游(或下游)半幅桥作为施工区域,下游(或上游)半幅桥采取限行(禁止所有货运车通行)。上游(或下游)按工完成后,封闭下游(或上游),按此顺序依次进行斜拉索更换施工,直至完成全桥斜拉索更换施工。

4)换索施工技术要点

①由于换索工程的实施是在已有工程基础上进行的,必须适应现有结构构造的各种情况。

②拆除旧索和更换新索时,应仔细检查塔上、梁内原挂索、张拉时的预埋件是否可以利用,必须满足受力安全。塔内的电梯及平台若与挂索、张拉碰撞,应采取必要措施以减小其对施工的影响。

③换索及张拉的千斤顶必须满足张拉及换索的吨位要求,同时必须进行标定,与相应的油压表配套使用。

④拆除旧索时,应详细记录该索螺母松动时的初始索力吨位。

⑤新索张拉时,应均匀缓慢分级张拉,对称索张拉时应同步。

⑥由于旧索导管壁很薄,刚度很小,不能承受任何压力,接长该构件必须做好防护措施。

⑦主梁内的拉索管道较长,需保证发泡压注饱满。

⑧拉索管道内设置井字形钢筋的目的是防止橡胶减震圈掉落,因此焊接必须牢固。此外,焊接井字形钢筋时,不得损伤拉索PE护套。在焊接不锈钢防雨罩时,也不得损伤拉索PE护套。

⑨每对索更换后,应及时将拉索索道管外进行封闭,防止雨水及杂物进入管内。

⑩在更换拉索时,考虑到大桥结构的总体受力情况,应采用封闭交通的措施,禁止车辆通行。

⑪应控制桥面超载,在换索施工过程中,桥面只允许放置待换的新索,旧索应及时清走,以避免出现过大的荷载。

⑫挂索及张拉时,应采取有效措施防止拉索外层 PE 护套在施工过程中损坏。如果损坏,应及时修补。

⑬ 待全部拉索更换完毕,根据桥梁线形及内力要求进行必要的调索。调索完毕后,测量各索索力、桥梁线形等,进行减震器、防护罩安装,同时完善桥面系施工。

4.6 支座更换

4.6.1 施工前准备

①查清拟更换支座的型号、规格、位置及数量。

②现场踏勘,查清拟更换支座处的空间尺寸、周边环境,并结合施工荷载,确定千斤顶吨位、形状、几何尺寸及布置方式,确定高压油管需要长度。

③查看现场情况,解除影响施工的所有约束。

④打磨墩台顶部位置至平整度符合要求,清理干净桥梁墩台顶操作部位。

⑤在梁底(或腹板下缘)、盖梁顶做测量梁体位移量的标志。

⑥调查支座、垫石、预埋钢板的实际位置。

⑦按工作需要和相关规定要求,完成施工占道、施工占地手续,并在施工前封闭道路进行施工。

⑧支座安装材料准备。

4.6.2 主要材料进场验收

①检查进场支座外观有无锈蚀、破损、变形、橡胶开裂老化(针对橡胶支座),支座构件是否齐全。

②全数检查拟安装支座合格证、出厂性能试验报告是否齐全、真实有效。

③查看进场拟安装支座规格、型号等技术参数是否满足设计要求。

④支座安装辅材应符合国家相关材料验收规范。

4.6.3 主要材料、设备

①材料:支座、支座调平胶及其安装辅材。

②设备、工具：位移同步顶升系统、油泵、灰板、抹刀、拌胶容器及其拌胶设备（具体设备根据工艺而定，以上仅供参考）。

4.6.4　施工工艺

1）安装支座顶升系统

支座顶升系统操作规程如下：

①布置千斤顶时，应预留支座取出及安装的进出空间。

②千斤顶底座应垫应力扩散钢板，扩散钢板边缘距墩台顶面边缘距离不小于 5 cm。扩散钢板高度根据梁底空间确定，每块钢垫板应无翘角、歪斜。

③将千斤顶与手动油泵、压力表及储油桶连接好，并将千斤顶平整置于垫板上（活塞朝上），然后在千斤顶上垫好承压钢板，垫至紧贴顶升面。

④安装位移传感器。用环氧砂浆将约 5 cm × 5 cm 小钢板粘贴在梁底和盖梁对应位置，传感器底座及探头靠磁铁吸附在小钢板上。小钢板粘贴位置应保证传感器拉线竖直，并应避开高压油管、承压钢板、千斤顶的干扰。

⑤位移传感器应准确反映梁体支座处的位移，因此传感器安装位置应尽量接近支座，但传感器又必须与高压油管、钢板、千斤顶保持分离，以免高压油管、抄顶钢板的变形影响传感器读数。

2）预顶升

支座顶升系统和安全监控系统安装调试正常后进行预顶升。以施工荷载的 50% 左右进行预顶升，持荷 5～10 min，检查顶升设备的安全性。无任何异常后将千斤顶回油卸荷到零。由于钢垫板受压，梁底与承压钢板间出现间隙，此时应在梁底与承压钢板间再次垫塞薄钢板，垫至紧贴顶升面。

3）正式顶升

①"开始"信号发出后，每台油泵同时缓慢、均匀地供油，开始顶升。以顶举位移和压力两项指标进行"双控"，每顶起 2 mm 为活塞行程步长，为一个控制步阶；每到一个步长，均停留 2 min，全面检查比较每片梁对应油表的工作油压及位移值，同步位移误差不大于 1 mm，油压误差不大于 0.5 MPa。

②临时支撑应随着梁体升高而及时增加支撑高度,每顶高2 mm加一块临时支撑钢板,确保临时支撑钢板与梁底紧贴,防止因千斤顶发生故障突然下沉,造成梁体震动而出现裂缝。

③在顶举过程中,注意观察每块垫板的变形情况,若出现翘角、歪斜等不良现象,应立即停止顶升。确定临时支撑稳固后,让活塞回油回程,重新安装千斤顶及钢垫板,重复①相关顶举操作。

④每级操作都必须同步进行,高差、油压误差必须严格控制在误差范围内,上一级操作的误差可在下一级操作中进行调整,直到板梁整体脱离支座顶面,继续提升,使得支座顶面具有5～10mm的施工空间。

⑤及时垫好临时支撑垫块,确保每块垫板稳固,并支垫到位,保持千斤顶的油压。临时支座与梁体混凝土的接触面积不能小于原支座的支撑面积。

4)支座垫石调平

①迅速取出原有的支座,取出的支座严禁向下直接摔地,避免砸断高压油管、通电线路或砸伤人、畜等。清扫干净垫石表面。

②如支座垫石有混凝土缺损、高度不够、平面尺寸不足或顶面不水平等,必须对其进行维修。对于可以修补的,需对其混凝土表面凿毛、洗净,然后用环氧砂浆修补。对于无法修补的,需要对其凿除后根据需要重新设置。按照支座系统组合高度及梁底预埋钢板位置的需要,对需要扩大尺寸的垫石,采用C50环氧混凝土进行浇筑,顶部采用环氧砂浆调平。

5)测量垫石顶至梁底距离

测量每个垫石距梁底的最小距离h_i(mm),以其中最小的值h(mm)与新支座的厚度($d+3$)之差作为新支座安装后首次落梁的下落控制量。

6)安装新支座

待垫石修补砂浆固化后,即可安装新支座。安装前需进行放线定位,放置时据线就位,不得偏移。

7)拌制支座调平胶、入模并初步成型

按照支座调平胶配制比例要求,结合确定数量,准确称量并倒入专用拌胶桶,用专用搅拌器将混合胶体拌制均匀,然后快速将支座调平胶盛入专用模具里,快速摊铺并初步成型。专用模具每个支座一个,事先已按照各支座对应的异形空间体的四角厚度要求调整完毕。

8)安装支座调平胶承托钢板

快速取出模具里的支座调平胶承托钢板,连同初步成型的胶体一起放置在支座与梁底预埋钢板之间并定位。盛胶钢板尺寸不宜过大,以免梁体下落时碰撞钢板边缘,造成支座上翘。

9)第一次落梁

支座调平胶未固化前,必须进行第一次落梁。落梁高度为 $h-(d+3)$,使胶体充分受压变形,且支座不受压,并保证胶体最薄处为 3 mm。

10)支座调平胶修整成型、静置

第一次落梁到位后,待支座调平胶未固化之前,完成胶体四周的修整成型,达到饱满、美观的要求。

11)第二次落梁

首次落梁后 2 h 左右,支座调平胶的强度超过 30 MPa,此时可以进行第二次落梁,上部荷载全部转移至支座,完成支座更换。落梁时,注意避免碰撞支座,以保证支座位置准确。落梁采用与顶升相逆的工艺法,也按顶举时同一步长、步阶缓慢降落同一幅的每一片梁,有利于主梁就位准确且与支座密贴。若板梁与支座密贴不好,应查明原因,采取有效措施予以纠正或重来。

4.6.5 验收标准

1)一般规定

①当实际支座安装温度与设计要求不同时,应通过计算设置支座顺桥方向的预偏量。

②支座安装平面位置和顶面高程必须准确,不得偏斜、脱空、不均匀受力。

③支座滑动面上的聚四氟乙烯滑板和不锈钢板位置应正确,不得有划痕、

碰伤。

④墩台帽、盖梁上的支座垫石和挡块宜进行二次浇筑,确保其高程和位置的准确。垫石混凝土的强度必须符合设计要求。

2)支座安装更换主控项目(表4.13)

表4.13　支座安装更换主控项目

序号	检查项目		规定值或允许偏差	检查方法和频率
1	支座栓孔位置、垫石顶面高度、平整度、坡度、坡向		符合设计要求和支座安装说明文件要求	全数检查,用全站仪、钢尺测量
2	支座与梁底、垫石间隙		≤0.3 mm	塞尺
3	支座锚栓预埋深度、外露长度		符合设计要求和支座安装说明文件要求	钢尺测量
4	支承面新浇筑混凝土强度		在合格标准内	按要求执行
5	支座垫板顶面四角高差		1 mm	水平尺结合拉线检查
6	支座中心横桥向偏位		3 mm	钢尺:每支座
7	支座顺桥向偏位		10 mm	拉线检查:每支座
8	就位后支座四角高差	承压力≤500 kN	1 mm	卡尺测量支座四角厚度:每支座
		承压力＞500 kN	2 mm	

4.7　伸缩缝更换

4.7.1　施工前准备

①查清拟更换伸缩缝的型号、规格。

②现场踏勘,查清拟更换伸缩缝的周边环境,便于伸缩缝更换方案的编制。

③准备伸缩缝安装材料。

④熟悉伸缩缝安装说明文件要求。

⑤按工作需要和相关规定要求,完成施工占道、施工占地手续,并在施工前封闭或半封闭道路进行施工。

4.7.2 主要材料进场验收

①检查进场伸缩缝外观有无锈蚀、破损、变形,伸缩缝构件是否齐全。
②全数检查拟安装伸缩缝合格证、出厂性能试验报告是否齐全、真实有效。
③查看进场拟安装伸缩缝规格、型号等技术参数是否满足设计要求。
④伸缩缝安装辅材应符合国家相关材料验收规范。

4.7.3 主要材料、设备

①材料:伸缩装置、植筋胶、自拌或商品混凝土、钢筋、焊条。
②设备、工具:发电机、电锤、切割机、空气压缩机、电镐、撬棍、插入式振动棒、板尺、塞尺、电焊机等。

4.7.4 施工工艺

主要施工工艺流程为:混凝土凿除→旧缝拆除→植筋→伸缩缝安装→钢筋绑扎→混凝土浇筑→橡胶止水带安装。

1) 凿除锚固混凝土

在伸缩缝两侧画出预留槽口线,用切缝机沿槽口线切缝,切缝整齐直顺无缺损;用电镐将槽口内混凝土凿除、清理干净,直至露出坚实的预留槽基层。混凝土凿除后,用空气压缩机清除槽内杂物和浮渣。

2) 拆除伸缩缝型钢

用气割方式割断型钢锚固钢筋,割断位置应确保预埋钢筋留有足够的焊接工作长度。

3) 确定伸缩缝装置中心线

伸缩装置中心应与变形缝(梁端之间的间隙或梁端与背墙的间隙)中心一致。

4) 伸缩装置就位及临时锚固

将伸缩装置放入槽口内,拉线控制平面位置,用板尺搁在槽口两侧控制高程。就位高度需考虑焊接热胀对高度的影响,一般比路面低 1~2 mm。伸缩装置就位后立即进行点焊临时锚固,临时锚固后及时割断伸缩装置限位钢板。

5)植筋及钢筋安装

伸缩装置临时锚固后,安装预留槽混凝土钢筋,新安装钢筋应与型钢锚环钢筋、预埋钢筋进行搭接焊接,单面焊接长度不小于 $10d$(d 为钢筋直径),双面焊接长度不小于 $5d$。如果预埋筋长度或间距不满足要求,需钻孔植筋,植筋形状为 L 形,以便与纵横钢筋搭接焊接,钻孔植筋位置根据型钢锚环及预埋筋实际位置确定。

6)锚固伸缩装置

为减少温度对高程的影响,焊接时从中间向两端跳格焊,边焊边调整伸缩装置空间位置。

7)安装模板

按照规范安装模板,模板交接处应做好防漏浆措施,模板内部应涂刷脱离剂。

8)浇筑钢纤维混凝土

浇筑钢纤维混凝土前,应清除干净预留槽内灰尘并充分润湿;钢纤维混凝土浇筑应由下坡向上坡方向进行(一般情况下,路面有横坡),振捣采用插入式振动棒,确保振捣密实。

采用快干混凝土时,每道预留槽混凝土浇筑完成时间应控制在初凝时间内,以免振捣混凝土引起正在初凝的混凝土开裂。

9)混凝土养护

混凝土初凝后,及时覆盖洒水养生,一般养护 7 d。快干混凝土养护 8 h。

10)橡胶止水带安装

使用撬棍(端部为 L 形),将止水带卡入伸缩缝预留的止水带安装槽口内,安装时应避免撬棍刺破或刮伤橡胶止水带。安装完成后,应做闭水试验,确保不渗漏。

4.7.5 验收标准

伸缩装置无阻塞、渗漏、变形、开裂现象,锚固区混凝土应平整、密实。伸缩装置更换实测项目及方法见表4.14。

表4.14 伸缩装置更换实测项目及方法

项次	检查项目	规定值或允许偏差	检查方法和频率
1	两侧混凝土强度	符合设计要求	回弹仪测量(每侧不少于3点)
2	长度	符合设计要求	尺量:每道
3	缝宽	符合设计及温度修正要求	尺量:每道2处
4	与桥面高差	±2 mm	尺量:每侧3~7处
5	纵向平整度	3 mm	3 m直尺:跨槽检测2处
6	横向平整度	3 mm	3 m直尺:每道2处
7	梁端结构间隙宽度	符合设计及温度修正要求	尺量:每道2处

4.8 阻尼器维修及更换

4.8.1 施工前准备

①查清拟更换阻尼器型号、规格及其主要技术参数是否满足设计要求。

②现场踏勘,查清拟更换阻尼器的周边环境,便于阻尼器更换方案的编制。

③准备伸缩缝安装材料。

④更换阻尼器的人员必须经过厂家专业技术人员的集体培训和指导,并且操作工必须具有相关的资质证明(如吊车工等),否则不得进行安装。

4.8.2 主要材料进场验收

①检查进场阻尼器外观,外形尺寸是否符合设计图要求;阻尼器表面应光洁,无凹坑或划痕,无漏油、无机械损伤、漆膜表面光滑,不应有漏喷、留痕、橘皮等现象;阻尼器构件是否与包装清单相吻合。

②全数检查拟安装阻尼器合格证、出厂性能试验报告是否齐全、真实有效。

③查看进场拟安装阻尼器规格、型号、工作频率等技术参数是否满足设计要求。

④伸缩缝安装辅材应符合国家相关材料验收规范。

4.8.3　主要材料、设备

①材料:阻尼器、调平钢板、二甲基硅油、焊条、混凝土、涂料。

②设备、工具:吊机、葫芦两套、吊篮、钢丝绳若干、顶升系统、吊钩若干、焊机、发电机、扳手、卷尺一把、记号笔两支(以上工具仅供参考)。

4.8.4　施工工艺

以纵向阻尼器更换为例,安装如图4.12所示,工艺仅供参考。

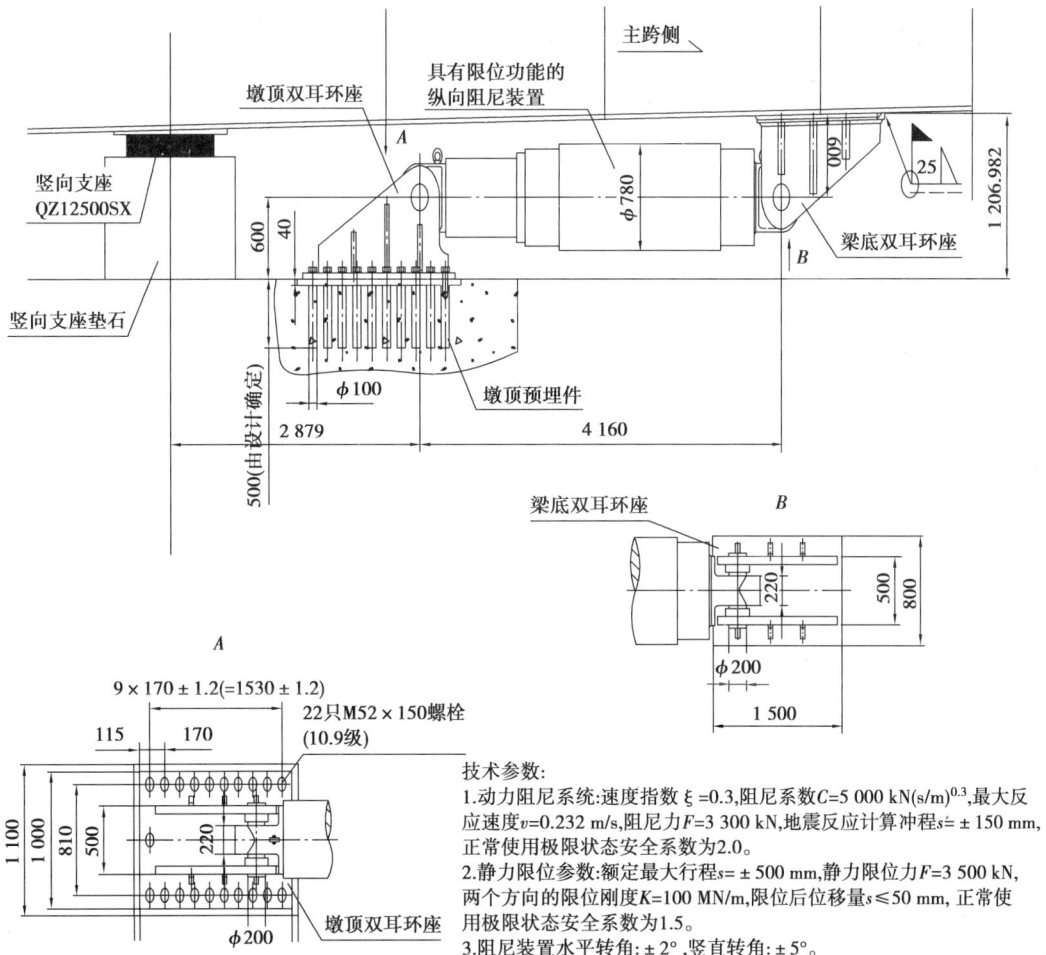

技术参数:

1.动力阻尼系统:速度指数$\xi=0.3$,阻尼系数$C=5\,000\ kN(s/m)^{0.3}$,最大反应速度$v=0.232\ m/s$,阻尼力$F=3\,300\ kN$,地震反应计算冲程$s=\pm150\ mm$,正常使用极限状态安全系数为2.0。

2.静力限位参数:额定最大行程$s=\pm500\ mm$,静力限位力$F=3\,500\ kN$,两个方向的限位刚度$K=100\ MN/m$,限位后位移量$s\leqslant50\ mm$,正常使用极限状态安全系数为1.5。

3.阻尼装置水平转角:$\pm2°$,竖直转角:$\pm5°$。

图4.12　纵向阻尼器更换安装图

①拆除旧阻尼器装置链接杆件、阻尼器装置、阻尼器端头锚固件,并及时转运到施工区域外。

②安装新阻尼器端头锚固端预埋件、锚固件,并及时检查安装位置是否准确,阻尼器安装链接件锚孔是否变形、有杂物等。

③将新阻尼器连同包装箱一起吊到平台上,再拆木箱,将吊环螺栓安装到阻尼器两端锚固耳环上。

注意:阻尼器主体部分是不允许碰撞和损伤的,安装时必须千万小心。

④将阻尼器的墩顶双耳环座吊起,使阻尼器墩顶双耳环座和墩顶预埋件的螺孔位置一一对应,先装对角的两个螺栓,定位墩顶双耳环座,然后安装其余螺栓,最后全部紧固。全部螺栓都已在每个双耳环座木箱内。

⑤将阻尼器吊起并使阻尼器小的一端插入墩顶双耳环座两耳之间,对好孔位置,插入销轴,再用开口销锁定。

⑥将阻尼器大的一端吊到安装位置,使阻尼器水平。

⑦将梁底双耳环座吊起,使阻尼器大的一端插入该梁底双耳环座之间,对好孔位置,插入销轴,再用开口销锁定。

⑧将梁底双耳环座与梁底点焊定位。

⑨根据阻尼器安装技术指标,使用水平仪再次复测阻尼器安装位置是否满足安装要求。

⑩将梁底双耳环座焊固在梁底位置,并用力矩扳手紧固螺栓,将墩顶双耳环座与墩顶预埋件紧固。

⑪阻尼器全部安装完毕并检查无误后,将阻尼器外表面上的橡胶保护层拆除。

4.8.5 验收标准

阻尼器维修及更换验收标准如表4.15所示。

表4.15 阻尼器维修及更换验收标准

项次	检查项目	检查内容	检查方法和参照规范
1	阻尼器外观	表面应光洁,无凹坑或划痕,无漏油、无机械损伤、漆膜表面光滑,不应有漏喷、留痕、橘皮等现象	目测检查

项次	检查项目	检查内容	检查方法和参照规范
2	动力阻尼系数	阻尼系数、最大反应速度、阻尼力、地震反应计算冲程、正常使用极限状态安全系数	应全部满足《桥梁用黏滞流体阻尼器规范》(JT/T 926—2014)、《斜拉索外置式黏滞阻尼器》(JT/T 1038—2016)及其设计要求
3	静力限位参数	额定最大行程、静力限位力、两个方向的限位刚度、限位后位移量	应满足设计要求
4	阻尼器装置转角	水平转角、竖直转角	应满足设计要求

4.9 主缆锚室病害处置

4.9.1 施工前准备工作

①查看现场,摸清锚室渗水原因,必要时可现场钻孔取芯检测。
②根据现场实际情况,搭设脚手架及操作平台。

4.9.2 主要材料进场验收

对进场材料进行验收,需要第三方检测的,需现场抽样。

4.9.3 主要设备、工具

主要设备、工具包括打孔机、灌浆设备等。

4.9.4 施工工艺

1)灌浆做法

搭设脚手架→打孔定位→安装钻机→检测钻杆角度→开钻→复测钻杆角度→继续钻进→测孔深待达到设计求后拆钻→钻孔保护→高压清洗孔洞→预埋

注灌管→高压灌浆→封缝→水泥砂浆磨(图4.13)。

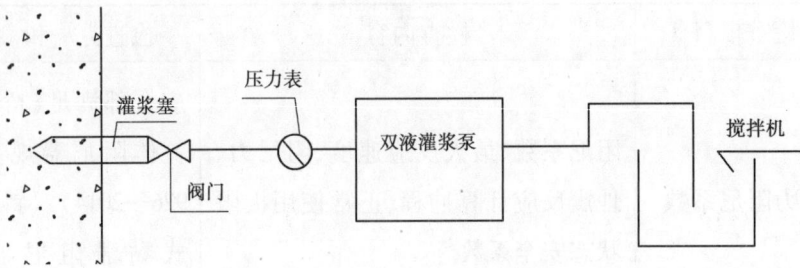

图4.13　灌浆流程示意图

2)变形缝及有害裂缝做法

针对墙面的变形缝及其他有害裂缝,主要采用灌浆的方法进行防水堵漏施工。

裂缝隙处理的基本原则是:恢复混凝土块体的整体性,满足强度和不渗水的要求,考虑到裂缝中可能有水,因此要求灌浆材料在有水情况可固化,并具有一定的强度。

根据上述原则,确定裂缝处理方案为:对所有裂缝隙进行化学灌浆处理,灌浆材料采用高分子聚合物料灌浆材料和树脂浆液材料双液浆加固材料。注浆材料的总体原则为:胶凝时间可调;对于地下水而言,不易溶解;具有一定强度,止水效果好;浆液不流失,固结后不收缩,硬化剂无毒,不会造成污染。

3)裂缝灌浆

本工艺为压力灌注法,适用于缝宽≥0.15 mm的裂缝处治。

施工工艺为:施工材料、机具准备→表面处理→黏结注胶座→密封裂缝→封口胶的固化和试漏→连接注胶器→灌注、固化→后期处理。

(1)主要材料、设备或工具准备

①材料:裂缝灌注胶、裂缝封闭胶、丙酮或酒精、棉纱。

②设备或工具:角磨机、空压机、锤子、钢钎、铲刀、注胶座、注胶器9(DD管注胶器或BLT)、钢丝刷、拌胶器。

(2)表面处理

①用钢丝刷或角磨机沿裂缝走向清理(打磨)宽30～50 mm的混凝土表面(图4.14)。对于混凝土表面质量不良、缝两侧有较多细微龟裂的部位,应清理

至80~100 mm 宽。如果裂缝两侧有疏松的混凝土块和砂粒,应用锤子和钢钎凿除,露出坚实的混凝土表面。

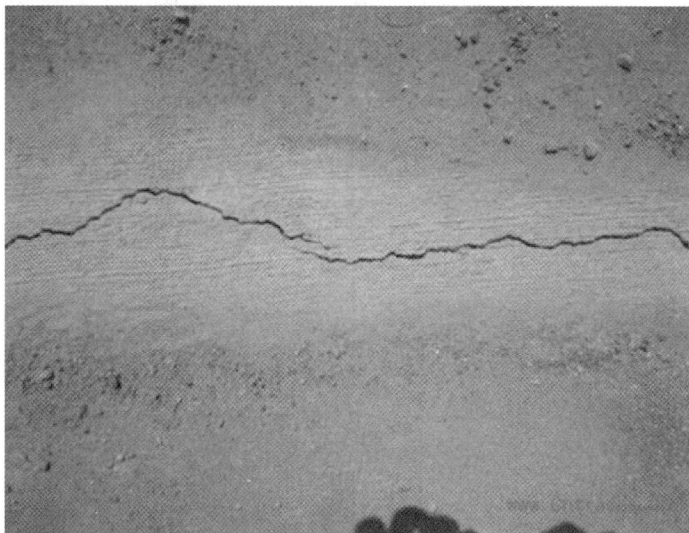

图4.14　沿裂缝走向清理混凝土表面

②用略潮湿的抹布清除表面的浮尘并彻底晾干。混凝土表面的油污要用抹布蘸丙酮擦净。如果缝内潮湿,应待其充分干燥,必要时可用热风机烘干。

(3)黏结注胶座

注胶座应选混凝土表面平整处,避开剥落部位设置,用胶黏剂将灌浆嘴密实牢固地固定在裂纹中心线上(图4.15),间距为200~400 mm。裂缝分岔处的交叉点应设注胶座;对于贯通缝,可在一侧布置注胶座,另一侧完全封闭;缝宽度较大且内部通畅时,可以按每米2个注胶座的密度布置。

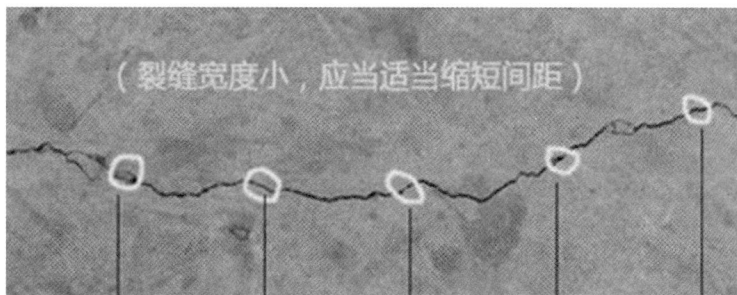

图4.15　注胶座定位

用抹刀取少许拌制好的封闭胶,刮在注胶座底面周边。将注入孔对正裂缝中心,稍加力按压,使胶从底面的小孔中挤出。注意注入孔不要被胶堵塞,粘好后不要再移动注胶座(图4.16)。

图 4.16　固定注胶座

（4）密封裂缝

沿裂缝走向 30～50 mm 宽内用抹刀刮抹封口胶,厚度 2 mm 左右,尽量一次完成,避免反复涂抹。缝两侧有较多细微龟裂的部位,应抹至 80～100 mm 宽,混凝土剥落处要用修补胶填充密实(图 4.17)。

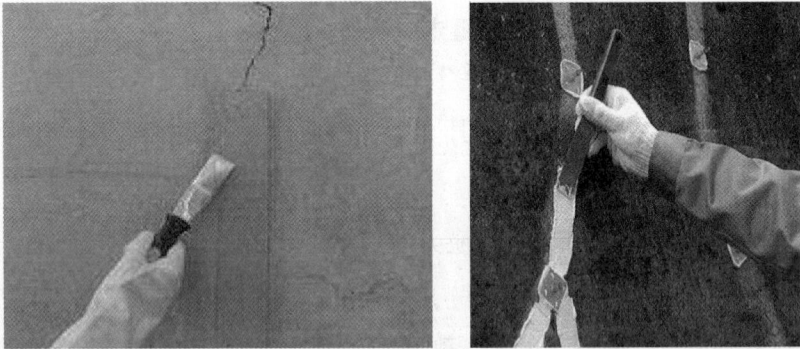

图 4.17　密封裂缝

（5）封口胶的固化和试漏

密封完成后,让封口胶自然固化。注意,固化过程中防止其接触水。固化时间为:12 h(20 ℃)、6 h(30 ℃)。

灌注胶黏剂前,逐一加压检查注胶座的连通和裂缝封闭效果即试漏。试漏前,沿裂缝涂一层肥皂水,从灌胶嘴压入压缩空气。凡漏气处,继续修补密封直至不漏气为止。

（6）连接注胶器

如图 4.18 所示,将注胶器的连接端(蓝色)安装在注胶座上,将卡口部分的两扣卡紧,用力不要过猛,以免损坏座颈部,注意使橡胶密封圈处于正常位置。同一条裂缝上的注胶器一起安装好。螺纹配合处用生料带缠绕密封。

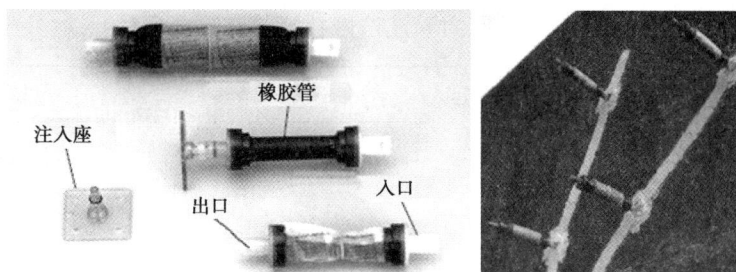

图4.18　连接注胶器

（7）灌注

①拌胶。将灌注胶的两种成分按规定配比混合搅拌均匀。

②胶液注入注胶器。将搅拌后的胶液倒入黄油枪中,把黄油枪供料管的接头接在注胶器的注入端,开始将胶液灌入注胶器。当注胶器外径膨胀并充满限制套时,停止向注胶器灌注胶液,取下供料管接头,为下一个注胶器注入胶液,按注胶顺序将全部注胶器灌满胶液。

③裂缝灌注。注胶器外径膨胀并充满限制套时,注胶器开始自动向裂缝注胶。

水平走向的裂缝从一端开始逐个注入,倾斜或垂直走向的裂缝要从较低一端开始向上推进。如注胶器膨胀后收缩较快,说明该处裂缝深,缝内空间大,要向注胶器补灌胶液,直到能保持膨胀状态。

在全部注胶器保持膨胀状态下,保持恒压灌注 15 min 以上。

④清洗注胶器。在胶液达到固化临界点前,拆卸注胶器,用丙酮反复清洗,一边清洗一边活动阀门和活塞等部件,将残余的胶溶解。最后用清水漂洗干净,晾干后组装,以备再用。

（8）灌注胶固化

让灌注胶自行固化,固化时间为 10 ~ 24 h,气温越高,速度越快。

（9）凿除注胶器,后期处理

固化后,敲掉注胶器和注胶座,如有必要,用砂轮机将封口胶打磨平整。

4.9.5　检查验收

裂缝修复后,不得出现裂缝和脱落现象,灌缝处混凝土颜色应与原混凝土颜色一致。压力灌注法修补裂缝实测项目见表4.16。

表 4.16　压力灌注法修补裂缝实测项目

项次	检查项目		规定值或允许偏差		检查方法和频率
			注射剂	聚合物水泥浆料	
1△	胶液强度（MPa）	抗压	≥50	≥40	《树脂浇铸体性能试验方法》（GB/T 2567—2008）
		抗拉	≥20	≥5	
2△	灌注质量	浆体饱满度	≥90%		超声波法,测裂缝总数的10%,且不少于 5 条裂缝
					取芯法,观察芯样裂缝被胶体填充密实、饱满情况

注:△表示主控项目。

4.10　钢桥面沥青混凝土养护及维修

4.10.1　施工工艺

1)裂缝处置方案及实施流程

横向裂缝和纵向裂缝按裂缝宽度分为两类:微小裂缝——裂缝宽度小于 3 mm 的裂缝;宽大裂缝——裂缝宽度大于 3 mm 的裂缝。不同类型裂缝按不同方法进行处置。

(1)微小裂缝处置方案及实施流程

①处置方案:可采用直接灌缝的方式进行修补。

②实施流程如下:

a. 钻孔。采用钻机沿着裂缝走向,以一定的间隔在裂缝上钻孔。

b. 清扫。采用毛刷或吹风机等对裂缝和钻孔进行清理,裂缝上无灰尘、油脂及其他污染物,钻孔内无粉尘。

c. 灌缝。向孔洞内浇灌灌缝料,并在裂缝上沿裂缝多次灌填灌缝料。当灌缝料不再继续下渗后,在裂缝上面撒布一层细集料。

d. 开放交通。根据灌缝料强度形成的时间确定灌缝料养护时间,养护时间内需要封闭交通。

③注意事项如下：

a. 材料必须应具有较好的流动性；

b. 裂缝表面和钻孔应保持清洁，以便灌缝料渗入裂缝内部；

c. 灌缝料施工必须在可操作时间内完成。

（2）宽大裂缝处置方案及实施流程

①处置方案：先进行扩缝，再填补密封料。

②宽大裂缝需要进行开槽处理，清除边缘出现的破损部分，对支缝直接进行灌缝处理。实施流程如下：

a. 开槽。开槽机的锯片应调整到适当高度，确保切入深度在 1.5 ~ 2 cm。开槽时，必须沿着裂缝的走向进行切缝，槽口应保持规则形状。

b. 清槽。开槽扩缝后应进行清槽处理，宜使用鼓风机并配合钢丝刷将槽口内的灰尘和松散的碎料清理干净，以提高黏结力。

c. 烘槽。必要时，必须用火焰枪对槽口进行烘烤。烘烤时注意控制温度，一般不得超过 70 ℃。

d. 备料。将需要的填补料进行加热，使其软化具有一定的流动性，便于在施工过程中自动流淌，填平边界的空隙。

e. 灌缝。填补料灌入时，应控制好灌缝机的走向，在灌好第一遍 5 min 后再进行一次找平灌缝，并使裂缝表面形成 T 形密封层。注意控制填补料高度，如在气温相对较高的季节，填补料应略高于路面（高出 0.5 ~ 1 mm），气温低的季节应略低于路面（低于 0.5 ~ 1 mm）。

f. 开放交通。施工结束后，开放交通时间一般为 30 min 后，但如果在填补料表面撒砂或石料，防止开放交通后车轮带走灌缝料，大约 10 min 便可开放交通。

③注意事项如下：

a. 切割深度应根据裂缝实际深度进行调整，一般要比裂缝深度大。

b. 保持施工面清洁，保证灌缝料与旧路面结合良好。

c. 禁止在路面潮湿或温度低于 4 ℃ 的环境下施工，否则将会降低灌缝料的黏合力，易造成脱落，影响施工质量。

2）坑槽处置方案及实施流程

（1）处置方案

采用挖补工艺进行修补，即挖除已出现病害部分的桥面铺装，再填补新拌和的沥青混合料。

（2）实施流程

①病害评估。就原桥面出现的相关病害进行调查,分析其成因,制订相应的维修方案。根据破坏面积、严重程度以及交通情况,选择较为便捷的处置方式,避免对正常交通造成过大的干扰。

②原桥面破坏区域挖除。根据原桥面病害特点及破坏区域,对破坏面进行挖除。挖除面在破坏面的基础上,应向外延伸 15~20 cm。挖除面以采用正方形和长方形为宜,避免出现圆弧形等不规则形状。

根据清除面大小,宜采用人工凿除工艺进行清除。当清除面较大时,为提高效率,宜先采用小型切割机对原路面一定深度的切割,再采用人工方式进行凿除。挖除深度视破坏程度而定,宜浅不宜深。在下部保持结构整体稳定性的情况下,可以不予清除。如果面积很小,为便于修补控制,可以一次清除。

③界面清理与黏结层处理。将界面废除的铺装材料清理干净后,采用（热）吹飞机吹干,灰尘吹干净。如基面为钢板,应采用砂纸将钢板基面打磨干净,同样需要采用吹飞机将界面吹干净。在界面清理干净后,及时滚涂黏结材料,对材料的用量须控制在设计范围,过多过少对修补结构的性能影响都非常大。对垂直界面,应专人采用小型滚筒或刷子进行刷涂,确保新老界面被黏结材料有效覆盖。

④修补材料生产。浇注式沥青混凝土采用浇注式拌和、运输一体化设备进行拌和。在维修过程中,各档集料按照矿料配比通过计重设备称量后投入拌缸中,然后通过柴油燃烧加热。基质沥青事先存入沥青储存罐中储存,通过矿料加热时产生的热气进行循环加热至融化。当集料温度加热至 230~240 ℃时,投入事先称量好的矿粉,再次进行搅拌均匀。当矿料温度升至 200~220 ℃时,开始按设计油石比添加基质沥青,同时从进料口投放直投式改性剂。搅拌经约 2 h,需通过取样观测其流动状态和拌和温度。

浇注式沥青混合料在一体化设备中拌和完成后,即可运至施工现场进行施工。

⑤修补施工。为保证黏结效果和封水性,可提前在坑槽周边粘贴封条或涂刷乳化沥青,然后进行浇注式沥青混合料摊铺。下面层摊铺完成后,及时撒布10~15 mm 厚碎石,撒布量为修补面积的 60%~90%。待其冷却后,滚涂环氧

树脂黏结剂,用量为(0.4±0.05)kg/m,再进行上面层高弹改性沥青 SMA10 施工。上面层高弹改性沥青 SMA10 视实际修补的需求量,可以采用一体化设备生产,也可以采用大型拌和楼生产。

(3)注意事项

①挖补范围宜大不宜小,将薄弱面都包含在处置范围内。

②界面应绝对干燥、干净,不允许有杂物、灰尘、水污等残留。

③提出的处置方案应全面,综合考虑多方因素。

④界面黏结材料应控制到最佳用量及有效操作时间。

⑤浇注式沥青混凝土应保证其流动性及表面碎石的有效嵌入率。

⑥冷拌碾压类材料除保证集料的干燥之外,应配备充足的压实机械,压实是实现其设计性能的关键。

⑦新旧连接面是重点处置对象,应保证界面黏附足够的黏结剂,再铺筑新材料。新旧接缝位置应能够保持很好的完整性。

⑧处置工序和工艺不宜过于复杂,养护时间宜短,最大限度地降低桥面维修对交通流带来的干扰。

4.10.2 检查验收

灌缝修补后,灌缝材料应填充饱满、密实,与原路面平齐,与缝壁黏结牢固、无脱开、无外溢。黏缝带与路面应黏结牢固,无脱落、漏缝现象。灌缝、黏缝修补实测项目及方法见表 4.17。

表 4.17 灌缝、黏缝修补实测项目

项次	检查项目		规定值或允许偏差	检查方法和频率
1	渗水系数		0	渗水试验仪:骑缝检测,用密封材料密闭测试范围内的路面,每 20 条裂缝测 1 处
2	与路面高差(mm)	灌缝胶	≤2	抽量,每条缝测 2 点
		黏缝带	≤5	

对于坑槽挖补,路面开挖轮廓线应顺直,越位不应超过 20 mm。修补路面与

开挖线周围路面应保持平整,不应低于或高于周围路面。局部坑槽修补实测项目及方法见表4.18。

表4.18　局部坑槽修补实测项目及方法

项次	检查项目	规定值或允许偏差	检查方法和频率
1	压实度	实验室标准密度的95%,最大理论密度的91%	钻芯法:每20处挖补抽检1处
2	接缝处高差(mm)	≤5	3 m 直尺:骑缝检测,每20处挖补抽检1处
3	渗水系数(mL/min)	≤200	渗水试验仪:每20处抽测1处,在新旧搭接处测试

4.11　杆件加固及更换

4.11.1　施工前准备工作

对杆件病害情况进行普查并编号记录,明确需要加固或更换的杆件类型、尺寸大小和孔位数。材料加工完成并进行防护涂装,同时根据杆件位置制订专项施工措施方案,搭设施工作业平台。

4.11.2　主要材料进场验收

杆件所采用的钢材型号按照设计相关要求进行确定,其质量应符合《桥梁用结构钢》(GB/T 714—2015),钢材的基本性能符合《钢结构设计标准》(GB 50017—2017)的规定。钢材的化学成分、力学性能等必须符合相关国家规定标准和图纸要求。每批钢材的检验项目、取样数量、取样部位及试验方法应符合表4.19的相关规定。

表4.19 每批钢材的检验项目、取样数量、取样部位及试验方法

序号	检验项目	取样数量	取样方法部位	试验方法
1	拉伸	1	《钢及钢产品力学性能试验取样位置及试样制备》(GB/T 2975—2018)	《金属材料 拉伸试验第1部分:室温试验方法》(GB/T 228.1—2010)、《金属拉伸试验试样》(GB/T 6397—1986)
2	冷弯	1	《钢及钢产品力学性能试验取样位置及试样制备》(GB/T 2975—2018)	《金属材料 弯曲试验方法》(GB/T 232—2010)
3	表面	逐张(根)	—	目视
4	尺寸	逐张(根)	—	卡尺、直尺

4.11.3 主要设备、工具

主要设备、工具及施工部位见表4.20。

表4.20 主要设备、工具及施工部位

序号	设备名称	用于施工部位
1	空压机	铆钉拆除
2	碳弧气刨	
3	磁力钻	孔眼套钻
4	扭矩扳手	高强螺栓连接
5	氧割设备	—
6	角磨机	打磨除锈
7	喷砂机	
8	电焊机	杆件焊接

4.11.4 施工工艺

1）杆件加固

清除铆钉或高强螺栓；施工时，逐节间进行处理，每个节间作为一个批次；螺栓或铆钉铲除施工不得损伤杆件母材；不得野蛮作业，避免导致杆件产生变形和损伤。

杆件变形矫正应采用冷矫的方法，保证两根杆件间连接孔位置对应。杆件内外表面除锈清洁并涂装防护；杆件采用人工打磨的方式除锈，除锈等级达到St3.0级。

变形杆件应使用磨光机对变形范围内原有油漆面进行打磨除锈处理。特别是两根杆件间锈胀部位，应将锈胀凿除。采用千斤顶、可组装反力架对需要矫正的屈曲变形杆件进行矫正。变形矫正的方法应采用冷矫，矫正过后应保证两根杆件的连接孔位置对应。

杆件维修加固施工完成后，对其进行涂装防护施工，参照《公路桥梁钢结构防腐涂装技术条件》（JT/T 722—2018）执行。涂装防护体系按照长效型选用，防护年限为15~25年。

2）杆件更换

新杆件加工制造在车间完成，其制造工艺流程为：材料采购→材料复验→杆件尺寸复核→杆件下料及加工→工厂防护涂装→运输至安装现场。其加工质量应符合《钢结构工程施工质量验收标准》（GB 50205—2020）的相关规定。

杆件拆除前，根据其位置和受力情况，判断是否需要在中断交通的情况下进行。

拆除旧有高强螺栓或铆钉，取下旧杆件。

新杆件进场后，根据设计图纸，结合新杆件，在安装位置表面现场比对放线，在相应部位进行孔眼套钻。套钻设备采用磁力钻。

现场孔眼套钻后，通过角磨机、钢丝刷等对杆件安装区域进行打磨处理，清除表面浮灰、铁锈、油漆、孔口毛刺、飞边等，除锈等级按照设计要求执行。除锈及钢杆件表面处理应达到《涂覆涂料前钢材表面处理表面清洁度的目视评定 第

2 部分:已涂覆过的钢材表面局部清除原有涂层后的处理等级》(GB/T 8923.2—2008)规定的 Sa2.5 级,表面粗糙度达到 25~60 μm。确保表面清洁干燥后,12 h 内在旧杆件连接表面涂刷一层底漆。

旧杆件孔眼套钻及表面处理后,严格按照钢杆件的匹配性进行现场安装。新杆件现场定位后,采用冲钉使其与旧杆件进行临时连接,然后依次进行铆钉或高强螺栓安装。安装时,可以采取平行施工,在作业面及人员安排合理的情况下,进行多点作业,加快施工进度。

3)杆件安装注意事项

①安装新杆件补强旧杆件时,应先进行试装,以检查孔群位置钢板的平整度、贴合情况以及安装孔定位精度。

②新、旧杆件装配时,必须将板件上的孔位对齐,用相应规格的螺栓拧紧。在孔群处按一定比例打入定位冲钉。

③固定夹紧两层钢板(角钢的两肢)的螺栓和定位冲钉按照安装孔总数的 1/2 安装。每隔一颗冲钉或螺栓,留下一个安装孔,用以后期铆钉或高强螺栓施工。

④临时螺栓采用与孔径配套的 10.9S 级高强螺栓,待新制角钢定位后用初拧电动扭矩扳手拧紧,保证安装孔周边的钢板之间不存在缝隙。

⑤杆件装配过程中,部分孔会因误差造成错位,所以安装前需修整全部孔位,使之同心并确保穿孔顺利。同时,预加工中留有余量的安装孔也应修正。

4.11.5   验收标准

①所使用的紧固件必须符合设计和技术规范的要求。

②安装过程中,必须采取可靠措施防止杆件变形、碰撞或损坏漆面。

③高强螺栓连接副的规格、质量、扭矩系数必须符合设计要求和相关标准的规定。

④新杆件安装就位后,目视和敲击检查,确认定位准确、两层钢板间已夹紧。钢板间缝隙用 0.3 mm 塞尺检查,塞尺插不进为合格。

杆件维修加固、钢杆件安装验收标准见表 4.21、表 4.22。

表 4.21　杆件维修加固实测项目

检查项目		规定值或允许偏差	检查方法和频率
连接	高强螺栓扭矩	±10%	测力扳手:检查 5%,且不少于 2 个
	铆钉连接	填充饱满	0.3 mm 塞尺检查:10%

表 4.22　钢杆件安装实测项目

项次	检查项目		规定值或允许偏差	检查方法和频率
1	顶紧接触面	0.3 mm 塞尺塞入面积	<25%	0.3 mm 塞尺检查:10%
2	安装孔通过率		100%	试孔器:每孔
3	连接	铆钉或螺栓连接	填充饱满	0.3 mm 塞尺检查:10%

4.12　附属设施维修

附属设施的维修应本着"按原设计要求恢复"的原则实施(特殊情况除外),施工工艺应根据原设计要求确定。

各类附属设施的质量及验收标准应符合以下各表格中的要求。

1)排水设施

排水设施安装质量及验收标准应符合表 4.23 的规定。

表 4.23　排水设施安装质量及验收标准

序号	项目	允许偏差（mm）	检验频率		检验方法
			范围	点数	
1	进水口框高差	0, -10	每孔	1	用尺量
2	井位与路边线吻合	±20			

2)防撞栏杆

防撞栏杆制作、安装质量及验收标准应符合表 4.24 的规定。

表4.24   防撞栏杆制作、安装质量及验收标准

序号	项目		允许偏差（mm）	检验频率		检验方法
				范围	点数	
1	防撞栏杆	顺直度	4	每孔	2	拉20m线量取最大值
		相邻孔高差	3			用尺量
		伸缩缝宽度	±5			
		断面宽	±3			
		断面高				
2	预埋件位置(mm)		5	每个	—	用尺量

3）人行道栏杆

人行道栏杆安装质量与验收标准应符合表4.25的要求。

表4.25   人行道栏杆安装质量及验收标准

序号	项目	允许偏差（mm）	检验频率		检验方法
			范围	点数	
1	栏杆平面偏位	4	每30m	1	经纬仪、钢尺拉线检查
2	扶手高度	±10	抽查20%		水准仪测量
3	柱顶高差	4			
4	接缝两侧扶手高差	3	抽查20%		尺量
5	竖杆或柱纵横向垂直度	4			吊垂线
6	预埋件位置	5	每个		用尺量

4）人行道铺装

人行道铺装质量及验收标准应符合表4.26的要求。

表 4.26　人行道铺装质量及验收标准

序号	项目	允许偏差	检验频率		检验方法
			范围	点数	
1	人行道顺直	10 mm	每 20 延米	2	拉 20 m 线量取最大值
2	顶面标高	± 10 mm		3	用水准仪测量
3	纵横坡度	± 0.3%			
4	平整度	预制板 2 mm，现浇板 5 mm		2	用 3 m 直尺量取最大值
5	相邻板块高差	2 mm		2	用尺量

5）路缘石

路缘石安装质量及验收标准应符合表 4.27 的要求。

表 4.27　路缘石安装质量及验收标准

序号	项目		允许偏差（mm）	检验频率		检验方法
				范围	点数	
1	断面尺寸	宽	±3	每件(抽 10%，且不少于 5 件)	1	用钢尺量
		高	±3			
2	长度		0,10			
3	侧向弯曲		$L/750$			沿构件全长拉线,用钢尺量（L 为构件全长）
4	直顺度		5	每跨侧	1	用 10 m 线和钢尺量
5	相邻板块高差		3	每接缝	1	用钢板尺和塞尺量

6）声屏障

声屏障安装质量及验收标准应符合表 4.28 的要求。

表 4.28 声屏障安装质量及验收标准

序号	项目	允许偏差 （mm）	检验频率		检验方法
			范围	点数	
1	竖直度	5	每 200 延米	4	用靠尺量
2	高度	±5			用尺量
3	顺直度	±10			用 10 m 线量取最大值

下篇 管理篇

5 钢结构桥梁管养机构

5.1 设置管养机构的目的和意义

钢结构桥梁在建造与使用过程中,结构功能、使用性能、耐久性等会因车辆荷载、恒载和环境因素的不断作用而逐渐劣化,导致钢结构桥梁在使用周期内必然发生结构状态的退化,甚至部分构件会出现破损乃至报废,影响桥梁整体的安全运营。因此,在钢结构桥梁运营周期内需要设立桥梁管养机构,以具备桥梁专业知识与技能人员作为管理团队,筹备维护维修资金,对钢结构桥梁定期进行科学、有效的养护维修和管理,使每座桥梁保持一定的服务水平,保障运营期间处于完好的技术状态,杜绝安全隐患,实现和尽可能延长其使用寿命。

钢结构桥梁运营管养的范围主要包括悬索桥、斜拉桥、钢拱桥、钢混组合梁桥4种桥型。技术管养方面包含以上4类桥型钢结构养护、钢结构桥梁常规检测及定期检测、变形观测、钢结构桥梁预防性养护等。综合管理方面包括安全防控、预案、养护工程管理、智慧化管理等。具体的管养范围应当以合同和管养红线为准。养护管理的目的是确保钢结构桥梁设施安全,力保交通畅通。设立管养机构的目标是打造一座设施一流、服务一流、环境优美、安全可靠的钢结构桥梁。

5.2 管养机构部门设置及职责

管养机构针对所管理的钢结构桥梁宜每桥设置一个桥梁管理处(简称"桥管处"),管理桥梁所辖红线范围较长的可以在桥管处合理配置数名技术管理人员、综合管理人员、安保人员、监控人员,其余相应人员设置在便于项目管理的位置,起统筹管理的作用。

桥管处一般设置在距离所管理的钢结构桥梁距离较近且出勤便利的地方,

便于日常开展检查和应急处突。通常情况下,应设置办公用房(可新建或租用周边建筑、楼层)、配套用房(机房、配电室、监控中心、环卫等)、生活作息区(寝室、食堂)等。

5.2.1 管养机构部门设置及分工

钢结构桥梁应设置管养机构负责桥梁管养,宜包含以下管理架构:

①行政管理部门,包括行政、人事、党建等。

②工程(技术)管理部门,包括检查(检测)、维护维修工程、技术等。

③安保管理部门,包括安全保卫、安全巡查。

④商务经管部门,包括财务、采购、经营等。

⑤桥梁管理处,全面负责管理钢结构桥梁第一现场、日常检查、编制养护计划。

5.2.2 部门及相关人员职责

1)行政管理部门

①负责修订完善管养机构的行政管理制度,负责汇总其他职能部门修订后的管理制度,并在报请领导审批同意后将制度下达贯彻落实到各个部门,确保管养机构各项工作运转按照最新制度执行。

②负责行政事务文件的收发管理,及时对管养机构所有办公设备进行统筹管理和使用情况管理。

③负责组织管养机构领导或部门负责人对行政管理制度落实情况进行检查,对未按照管理制度执行的事项按规定作出处理措施。

④负责行政会议的通知、召集,对管养机构会议室、培训室、接待室、公共空间统一安排、调配使用,协助做好管养机构有关会议的准备工作。

⑤负责管养机构报刊的管理、征订及分发工作。负责管养机构公众号、官网等媒体管理。

⑥负责管养机构往来文件、证件、资质等资料的存档及管理工作。负责管理、登记管养机构人员资质证书、执业证书。

⑦负责做好本部门来访领导及客人的接待工作,协助外联部门做好各类接

待工作。

⑧负责与其他管养机构对口部门的联络和对接,落实上级主管部门关于行政工作的要求与指示。

⑨负责管养机构办公用品、公用物资的采购。

⑩负责人员招聘、入职前培训、入(离)职手续办理、人事档案管理、工作调配管理、劳动合同签订、薪酬管理等人事事务。

⑪负责管养机构党建、群团、纪检等工作。

⑫负责管养机构食堂周转及运作。

2)工程(技术)管理部门

①贯彻执行国家现行工程类法律、法规及各项技术规范、规程,建立健全设施维护管理工作职责,严格按制度要求组织并开展设施检查及维护工作。

②负责发布、召集并组织机构内工程技术人员学习新材料、新工艺、新技术,开展行业间技术交流、论坛和培训。

③负责制订和解释机构内工程管理办法,针对不同的工程类型,具体管理办法不同,联合其他职能部门,共同考察办法执行情况。

④按规定,牵头组织维护工程技术人员定期或不定期对所辖钢结构桥梁开展检查工作,并做好原始记录。作为工程监督部门,应将现场发现的问题及时告知责任单位进行整改。

⑤组织协调第三方单位按规范的要求开展结构定期检查、变形观测、防雷检测及安全评估等工作。针对变形观测及定期检测结果,组织并召开专家评审会。

⑥负责汇总各桥管处年度维修养护计划,组织管养机构领导、工程技术部门负责人及相关人员召开内部讨论会,并负责报送计划至上级主管部门审核。

⑦针对技术复杂、规模较大的工程项目,负责牵头开展设计、勘查等其他需委托外单位完成的一系列前期工作。负责对维护维修项目技术方案组织评审、专审。

⑧不定期组织管养机构领导或工程管理部门负责人对所辖桥梁开展设施安全检查工作,针对检查结果应建立检查台账,并对检查结果进行通报。

⑨负责收集所辖桥梁设施管理养护台账,负责统计、报送桥梁设施相关统计表。

⑩负责维护维修项目实施过程的监管,配合核实项目工程量,实时掌控工程项目进展情况、质量要求和安全措施,确保维护项目按期完工。

3)安保管理部门

①负责桥梁治安保卫工作,防止各种盗窃、破坏及火灾等事件的发生,消除影响大桥安全运营的外在因素。

②贯彻落实国家治安保卫及消防安全相关法律法规,牵头组织并制订安全管理规章制度及岗位职责,建立健全安全保卫责任制,确保安全保卫责任层层分解,落实安全责任到岗到人。

③加强员工安全思想教育和意识,定期自行组织或联合消防宣传单位或部门开展安全保卫、消防等各种业务培训,提高员工安全保卫意识和防范技能。

④负责督促和检查桥管处安保及消防管理工作执行情况,定期组织安全隐患排查,不定期开展随机抽查,及时掌握桥梁不安全因素,落实隐患整改措施,及时收集隐患整治信息。遇法定长假、重大节日等,应牵头组织并开展专项安全检查。

⑤负责实时监控管理桥梁超重车辆过桥情况并收集过桥信息,落实超重车过桥防范措施。负责统筹考察桥管处对重型车辆过桥监管情况,及时汇报。

⑥负责管养机构内部应急预案管理,统筹管理桥管处应急预案编制及落实情况,组织或督导应急预案演练,适时牵头修订各级应急预案,查验应急预案物资,完善预案审批程序。

⑦加强与公安、消防、市政等职能部门的沟通与联系,协调管养机构或桥管处与外单位纠纷,参与协助桥管处处理突发事故、事件,及时消除影响桥梁运营的不安定因素。

4)商务经管部门

①贯彻执行党的方针、政策,遵守国家有关法律、法规,组织开展多种经营方式,确保资产增值保值,促进路桥设施的安全运营。

②商务经管包括维护维修项目招投标管理、合同管理、工程造价管理、采购管理、广告租赁管理、场地租赁管理、开口占道管理等。

③编制和报批项目招投标文件,牵头组织并开展招投标工作;对不需要进行

公开招投标的项目,负责按照管养机构内部规章制度,组织并完善项目开展前期手续。

④参与维护计划落实方案的制订,参与项目实施阶段涉及工程量变更、价格调整等有关问题的研究。

⑤负责工程造价、采购物资价格的审核,需要时应完善相关审批程序。牵头进行合同谈判,负责合同文本的制订、审核和归档,监督合同执行情况,签批履约保证金支付手续。

5) 桥管处

桥管处负责贯彻执行钢结构桥梁养护、安全生产、治安消防等有关法律法规和管养机构有关规章制度,全面负责大桥的设施设备维护、安全保卫、经营管理、综合管理、党群工作以及其他业务管理工作,确保桥梁及其附属设施设备在健康、安全、整洁的状态下运行。

①负责所管辖钢结构桥梁年度养护计划的编制,参与并配合维护项目前期各项工序,负责组织维护项目的现场实施,做好施工过程中工程进度、工程质量、工程安全管理。

②负责钢结构桥梁设施设备检查、检测、安全排查等各类检查工作,及时发现设施缺陷及安全隐患,并及时采取相应的整改措施。

③负责年度维护计划技术方案的编制,参与并配合参加方案会审,协助乙方办理施工相关手续。

④负责所管辖钢结构桥梁桥下及周边环卫绿化管理,配合参与超限车监管等各类市政监察等工作。

⑤负责桥管处各类突发事件的处置与协调处理工作。

⑥负责依法、依规地做好桥管处多种经营活动、合同管理、经营资源监管等经营管理工作。

⑦负责桥管处员工业务技能培训、考核考评、考勤等人力资源管理工作。

⑧负责桥管处现金流、财务台账报表等财务管理工作。

⑨负责桥管处车辆使用、检查、维护、维修及驾驶员管理等车辆管理工作。

⑩负责桥管处收发文管理、文件起草、档案归档、资产管理、台账报表管理等行政工作。

⑪负责桥管处食堂管理、办公管理、宿舍管理以及后勤保障管理。

6）设施维护科（桥管处内部科室）

①按照现行养护技术规范和企业内部管理手册有关规定，负责所管辖钢结构桥梁范围内的设施经常性检查（宜建立日巡查机制）、定期检查、安全隐患排查、设施表观病害观测及监控等各类检查、监测、监控工作，按照要求及时报送各类设施检查表、维护维修项目进展表、隐患处置报告等，并建立设施台账。

②负责统计、梳理所管辖的钢结构桥梁病害情况，拟定年度维护计划，编制相关技术要求（或方案）、措施等。

③负责桥管处供配电、健康监测系统、数字化中心、监控设备、LED屏、技防设备、会议及办公系统等常见故障的检修和日常保养、升级工作。

④负责所管辖钢结构桥梁超限车日常监察、监护工作，配合外单位做好超限车管理。

⑤负责办理管辖钢结构桥梁范围内维护维修项目施工方或外单位开展的占道作业、施工作业、设施占用、临时使用等工程项目的相关手续（临时用电、动火、动焊、安全承诺），按程序完善会签、备案及安全协议拟定工作。

⑥负责管辖范围内日常维护维修、中修、大修、零星及应急抢险项目现场质量、进度、安全、技术管理，并负责做好工程量监督管理。

⑦负责管辖范围内广告经营方面的技术管理、广告设置施工技术审批及项目资料备案工作。广告挂设过程中，做好现场技术及安全监管。

⑧配合桥管处其他科室完成相关工作。

7）综合管理科（桥管处内部科室）

①负责钢结构桥梁管辖区域内设施设备的安全防范工作，建立健全安全管理体系、安全保卫制度、消防安全措施、重点部位管理制度等，防止火灾、爆炸、人为破坏等事件的发生，做好安全维稳工作。

②做好桥管处贯彻落实国家有关方针政策、上级指示及精神、各项管理制度落实情况的督察督办。按照管养机构安全保卫部要求，牵头组织编制专项应急预案，并定期组织开展预案演练工作。

③负责桥管处市政管理有关工作，管理辖区范围内环卫、绿化、车损索赔、日

常管理报表和总结等工作。

④负责桥管处经营管理有关工作,管理产权、土地占用(租用)、房屋、开口占道、施工占道、广告租赁、管线埋设等工作。

⑤负责管理超限车及特种车辆过桥申报,配合强力部门办理相关过桥手续,并做好监护工作。

⑥负责桥管处人力资源管理,根据国家政策规定及管养机构内部制度要求,做好劳务用工管理、员工考勤、加班加勤管理、绩效考核、员工培训及继续教育、技术职称申报及评审、社保办理等工作。负责统筹管理桥管处管理费用及相关资金,做好桥管处资金计划和合理安排管理费用预算、计划、支付、统计,负责桥管处各项申领报销资料准备及费用报销工作。

⑦负责桥管处资产管理工作,建立健全所管辖桥梁设施设备资产台账、土地房屋资产台账、办公设施资产台账、低值易耗品资产等各类资产的台账管理。负责桥管处车辆管理等有关工作,做好车辆使用登记台账,做好车辆检查与维护维修,做好驾驶员安全培训及管理。

⑧负责桥管处档案管理,做好各类文件纸质档案、影音资料档案、人事档案、党群工作档案及其他档案的管理。

⑨负责桥管处办公楼日常管理工作,做好员工宿舍、食堂、监控中心、办公楼公共区域保洁及绿化督察、检查工作。

⑩负责桥管处日常办公文秘工作,做好文件收发管理,会议会务管理,信息资料收集、整理、报送与传达等沟通协调工作。

⑪配合桥管处其他科室完成相关工作。

8)桥梁工程技术管理人员

①负责所辖钢结构桥梁设施设备检查及安全检查工作。

②负责所辖钢结构桥梁设施定期检查(测)指导和专项检查的现场管理工作。

③负责所辖钢结构桥梁设施健康检查资料编制及审核归档工作。

④负责所辖钢结构桥梁维护维修项目计划编制及技术方案编制工作。

⑤负责所辖钢结构桥梁维护维修项目现场监管、督导工作。督查维护维修项目现场施工质量、施工进度、主材报验、抽样送检及施工过程中重要节点和关

键工序的质量报验工作。

⑥负责所辖钢结构桥梁维护维修项目工程量收方、核算及变更工程量核实工作。

⑦负责组织所辖钢结构桥梁维护维修项目预验收及竣工验收。

⑧牵头并参与管养机构技术管理科研创新项目。

9）安保巡检人员

①严格遵守桥管处制订的安保巡检规章制度，着装整齐规范，工作精神饱满，言行举止文明。

②负责管理用房及重点要害部位安全保卫工作，严禁闲杂人员及可疑人员随意进出，对往来办事和工作衔接的人员做好进出登记。

③负责对所辖钢结构桥梁及附属桥梁、道路进行巡查，发现有妨碍交通安全的异物应在确保自身安全的前提下及时清除，保证道路通行畅通。发现车损事故且损坏设施的情况，应及时上报桥管处监控室或值班室，并率先赶赴现场做好事故现场先期交通组织。

④负责对所辖钢结构桥梁重点要害部位实行定点与巡逻相结合的原则，定时定点巡查重点要害部位出入口。

⑤对超限车辆、危化品车辆过桥进行监控，一旦发现异常情况立即汇报，并协助市政执法人员组织交通、协助强力部门监护过桥。

⑥对所辖钢结构桥梁沿线乱停放、撒漏、飞扬尘土车辆进行记录或拦截，并汇报桥管处值班室，通知市政执法人员采取措施进行查处和拖移。

⑦负责对所辖钢结构桥梁安全保护区内任何存在安全隐患的行为进行监视管控，如燃放烟花爆竹、开挖河道、桥墩周边祭祀等，必要时及时采取制止措施。若遇突发情况，及时汇报桥管处值班室请求增援。

⑧负责对所管辖钢结构桥梁范围内的可疑人员进行盘查，劝离各类摊点，疏散桥面无故停留车辆，制止盗窃、恶意破坏事件的发生。

⑨关注水位变化情况，密切关注航道船只通行情况，及时汇报失控船只突发事件。

⑩爱护岗位用品及设施，牢记各类报警点和桥管处值班电话。

10）技防监控人员

①负责对监控范围内的钢结构桥梁及沿线、桥梁路面交通运行情况、设施、设备的运行状态，桥梁、机电配电房及管理用房的重要部位进行实时监控工作，同时对自动报警、感应系统进行监控和确认。

②熟练掌握监控室内智能化设备、监控设备操作技术和规程，熟悉所辖钢结构桥梁红线范围。

③上岗期间严禁做与工作无关的事情，如遇突发情况需及时报告值班室，并详细说明现场具体情况。值班人员处置突发事故过程中，监控人员需时刻关注现场及周边动态，实时与强力部门做好沟通与联系。

④密切监控路桥车辆通行状况，在监控范围内出现超限、特种车辆、肇事车辆、不明人员进入隧道及各种异常情况，及时通知值班室做出超前性或及时快速反应和规范管理，并对管理、处置情况进行实时监控。

⑤负责接收各类外界信息并传达、通知相关部门和人员，并及时详尽记录在值班日志中。

⑥规范维护和科学使用监控系统设施设备。监控员应每天对使用的设备和中控室整体进行清洁，定期对监控设备进行保养，确保监控系统处于良好的工作状态。若遇到监控系统、设施故障，应首先排除简单故障。若故障情况较为复杂，应及时通知相关部门和维护人员进行检查修复，并做好故障时间、修复时间等工作记录。

⑦根据桥管处安排和指示，合理调整主桥上各种彩灯和其他功能照明系统。

⑧妥善保管各种监控资料，严格执行档案保密制度，不得泄露监控录像、记录、电话等内部信息。经领导许可，对于查阅、外借的监控资料，监控员必须要求当事人填写"监控室档案外借登记表"，并有责任督促外借资料按时归还。

⑨协助安保巡检人员做好辖区内防火、防盗、防破坏的监控预警工作。

6 安全防控管理

6.1 安全保护区管理

安全保护区管理除了桥梁结构及其附属设施本身的安全状态与桥梁能否安全运营之外,桥梁安全保护区的不安全因素也会对桥梁安全运营造成影响,所以,城市桥梁管养机构必须有相关管理部门加强桥梁安全保护区管理。安全保护区影响因素主要有近接工程、共轨共用、航道变迁和桥下堆积物等。

6.1.1 城市桥梁安全保护区定义

根据国家和行业相关规定,城市桥梁安全保护区是指桥梁垂直投影面、隧道周边一定距离范围内的水域或陆域。

6.1.2 城市桥梁安全保护区域范围的划定

城市桥梁养护应按结构形式、桥梁类型的不同划定城市桥梁安全保护区域范围,编制监督管理方案,发现桥梁安全隐患应及时进行处置。

城市桥梁安全保护区域范围的划定如下:

①城市桥梁安全保护区域范围,要按不同结构形式、不同类型桥梁的专业论证数据划定。

②一般来说,规划及现状特大型桥梁,以桥梁边缘起算(规划桥梁按照双向8车道计),50 m 范围内为禁建区,50～100 m 范围内为大桥陆域安全保护区,上游 300 m、下游 150 m 范围内为大桥水域安全保护区,水域与陆域分界线为滨江路(含规划滨江路)或者桥台。

③在禁建区内,除桥梁养护必需的设施和交通设施、公用设施外,不得新建、改建、扩建其他建筑。在禁建区、陆域安全保护区内从事建设活动,应当进行结

构安全论证。涉及现状桥梁的,结构安全论证应当征求城乡建设、城市管理或交通等主管部门的意见;涉及规划桥梁的,设计方案应当充分考虑规划桥梁的可实施性。

④城市桥梁管养机构初步划定城市桥梁安全保护区域范围后,需报请市政行政主管部门批准。市政行政主管部门应当在充分征求专家意见的基础上,根据城市桥梁的规模、结构、地质环境等状况,会同城市规划等行政主管部门划定城市桥梁安全保护区范围,报市级人民政府批准后公布执行。

⑤城市桥梁管养机构应根据批准的城市桥梁安全保护区域范围设置大桥安全保护区的界桩、界标,同时向社会公示。

6.1.3 近接工程管理

近接工程是指在城市桥梁安全保护区域内施工的工程,近接工程施工可能影响城市桥梁安全,必须依法加强管理。

1)近接工程施工行为

近接工程施工行为包括:
①河道疏浚、河道挖掘等施工作业;
②建筑打桩、修建地下结构物、盾构顶进、管线顶进、(架)埋设管线、爆破、基坑开挖、降水工程等作业;
③大面积堆物或减少荷载量超过 20 kN/m^2 的作业;
④其他可能损害城市桥梁的作业。

2)开展近接工程时的保护

①对可能影响城市桥梁安全的近接工程作业,应制订城市桥梁安全保护设计方案和相应的施工方案,并签订城市桥梁安全保护协议。
②城市桥梁安全保护设计方案包括作业区域、作业内容、开竣工日期、技术保护措施、施工设计图纸等内容。
③城市桥梁安全保护协议包括以下内容:
a. 作业对城市桥梁影响的分析评估(即城市桥梁影响性评估);
b. 相关城市桥梁安全保护的设计方案;

c. 作业的安全保护措施及施工方案；

d. 在作业期间及后续阶段,城市桥梁的沉降、位移等监测方案；

e. 监测资料的报送内容和形式；

f. 施工应急预案；

g. 其他需要的技术要求等。

④对可能影响城市桥梁安全运行的近接工程施工作业,应由具有相应资质的专业检测单位进行桥梁结构检测,编制检测报告,并根据检测结果采取相应的加固措施。

⑤对可能影响城市桥梁安全的近接工程作业,应由具有相应资质的专业检测单位编制监测方案。施工作业期间,对相关城市桥梁进行动态监测,并定期报送城市桥梁动态监测记录和报告。动态监测的主要内容如下：

a. 安全保护区域内地面沉降、土体侧移；

b. 城市桥梁的垂直位移、水平位移等；

c. 城市桥梁的墩台、基础、支座和接头连接部分的位移、转角等；

d. 影响城市桥梁安全的其他监控内容。

⑥对城市桥梁进行动态监测前,应根据使用情况、现有状态及设计要求制订沉降、位移的监控值及报警值。

3）近接工程监督管理

①城市桥梁管养机构应编制城市桥梁安全保护区域监督管理方案,以便有效实施对桥梁安全保护区域内近接工程作业的管理,进而确保城市桥梁的安全运营。

②城市桥梁安全保护区域监督管理方案要明确监督机构设置、岗位设置、岗位职责、办事流程和需要准备的相关资料清单以及需要填制的表格样表等重要内容。

③桥梁安全保护区不可避免的施工行为应按以下程序处置：

a. 不危及桥梁结构安全或对桥梁安全影响很小的：

• 施工组织单位提出申请并填写和提交城市桥梁、隧道安全保护区域施工作业申请表、城市桥梁（隧道）保护区施工安全保护协议及其必要的附件；

• 城市桥梁管养机构相关技术部门和安全部门经办人复核审查（审核通过

进入下一步流程,未通过退回修改,并给出修改意见);

- 城市桥梁管养机构相关责任部门负责人审核(同上);

- 城市桥梁管养机构领导审批核准;

- 城市桥梁管养机构相关负责人监督实施。

b.危及桥梁结构安全的:

- 施工组织单位提出申请并填写和提交城市桥梁(隧道)安全保护区域施工作业申请表、城市桥梁(隧道)保护区施工安全保护协议及其必要的附件;

- 城市桥梁管养机构相关技术部门和安全部门经办人收到文件转交给原设计单位、勘察单位,进行设计验算;

- 原设计单位、勘察单位进行设计验算后出具书面回复文件,并返给城市桥梁管养部门经办人;

- 城市桥梁管养机构经办人汇集原设计单位、勘察单位相关意见(若需组织专家论证,组织专家论证并进行几方意见汇总),意见汇总后反馈给申请单位进行修改完善,申请单位完善后上报;

- 城市桥梁管养机构相关部门经办人复核修改完善情况,若有必要可以将修改后方案反馈给原设计单位、勘察单位、专家组进行再次复核;

- 城市桥梁管养机构相关责任部门负责人审核(审核通过进入下一步流程,未通过退回修改,并给出修改意见);

- 城市桥梁管养机构相关责任部门负责人审核(同上);

- 城市桥梁管养机构领导审批核准;

- 城市桥梁管养机构相关负责人监督实施。

④桥梁安全保护区不可避免的施工行为办理施工许可需要提交的备案材料(电子版、纸质版各一份)如下:

a.城市桥梁、隧道安全保护区域施工作业申请表;

b.城市桥梁(隧道)保护区施工安全保护协议;

c.依法经规划、国土、交管、消防、公安、环保等行政主管部门的审批手续、文件或函件;

d.设计专篇安全论证,针对性施工方案及措施;

e.第三方安全评估报告;

f.原设计、勘察、监测单位的征求意见;

g. 审核合格的设计施工文件及其变更文件；

h. 施工方案及其专项方案；

i. 在施工过程中，对原有桥梁的安全监测方案及其应急处置方案（此项针对新建桥梁，此部分应包含其工前原有大桥监测报告、施工过程原有大桥监测报告、工后原有大桥监测报告）。

以上备案资料仅供参考，以上备案资料的电子版、纸质版内容应完全一致。具体的备案材料可视工程实际情况进行适当增减。

⑤城市桥梁管养机构应指派专人对备案材料按类别和项目名称进行归档保存。

⑥城市桥梁管养机构相关管理人员应随时对其施工行为进行监管，发现施工活动中存在违反国家法律法规、备案内容的行为及时予以制止，并及时按程序和流程向相关部门和领导进行汇报。

⑦城市桥梁管养机构相关管理人员应加强桥梁安全保护区域的巡查管理，发现未按规定办理相关手续的作业行为应及时进行处置。

6.1.4　共用结构管理

当道路、轨道或道路、铁路等共用一座桥时，会出现共用结构。如果共用结构由两家单位共同管理时，有必要就管理界限、责任划分、办事程序以及应急预案等管理问题进行明确。

1）划分区域明确界限

按照政府相关部门的要求和行业通用做法划分，对公轨两用桥提出"谁单独使用谁维护"的管养责任区域划分原则，管理区域划分可大致分为道路交通专属区、轨道交通专属区、共用结构体系。为进一步准确划分道路交通管养与轨道交通管养两家单位的管养区域，有必要在桥梁共用区域按顺桥向、横桥向及竖向进行管养区域的三维空间划分。管养区域划分要尽量做到全面、清晰，不留死角。对无法避免的交叉、重叠区域，要协商一致，明确权责。

2）明确责任

①两家管养机构宜在桥梁建成移交管养时，签订相关协议对各自管养区域

进行明确,并附管养区域界线图。

②两家管理单位其中一方如需在对方的安全管理责任区域内进行新增设施或设备、组织各种人员聚集活动、工程施工或开展维护改造作业等活动时,应事先书面通知对方,经对方同意并办理对方相关许可手续后,方可进场开展活动。否则,由此产生的一切后果由违规方自负,并赔偿由于事故给对方造成的直接经济损失。

③两家管理单位在对方安全管理责任区内的所有活动均要遵守对方的安全管理相关规定,自觉规范现场的安全管理。

④两家管理单位应形成定期的联系机制,强化沟通力度,针对大桥的保养质量评定工作可由桥梁管理单位邀请轨道管理单位参与。

3)办事程序

桥梁管理单位和轨道管理单位的应急抢险责任范围根据两家管理单位的维护责任范围划分。两家管理单位应针对大桥突发事件的种类,详细研究应急响应机制、共同编制应急抢险方案。针对大桥主体结构受到严重安全威胁,轨道通行区域需进行封闭的情况,桥梁管理单位应及时向轨道管理单位发出正式书面通报;轨道管理单位接到通报后,应组织人员及时赶赴现场确认及配合,必要时应立即停运轻轨车辆。

4)预案管理

两家管理单位应建立适应实际管理需要的事故应急处理组织管理网络,编制切实可行的事故应急处理预案,定期组织联合演练。若发生意外事件或出现特殊情况威胁到对方运营、生产和人员安全时,应及时通知对方采取相应预防和应急处理措施。

6.1.5 航道变迁影响

城市桥梁建设设计时,对通航净空、净宽都有要求,桥墩尺寸、配筋和混凝土强度等都根据通航状况和漂浮物情况做了防撞设计。桥梁墩、台基础埋置深度也根据水文条件、地质条件结合使用寿命做了设计。随着桥梁、沿岸构筑物、沿岸防护工程的建成使用,改变了水文条件,使河道、航道出现改变。

1) 河道改变对城市桥梁的影响

河道改变包括河床下切、水流改变等多种情况,对城市桥梁的影响也有差异。

①影响桥梁墩、台基础的埋置深度。长期水流冲刷导致河床下切,会使桥梁墩、台基础埋置深度减小,严重时导致不满足规范要求。这对摩擦桩的影响是致命的,对扩大基础的安全也是严重威胁。

②影响桥墩安全。当河床下切达到一定程度后,河床土体高差会使桥墩形成偏压,出现结构安全隐患,严重时导致桥墩出现倾斜、开裂等一系列病害。

2) 航道改变对城市桥梁的影响

水流改变往往伴随航道变迁,一些设计不通航的桥跨成了主要水流道和航道,对城市桥梁带来两方面影响:一方面,这些桥跨的河床下切严重;另一方面,也使相应桥墩出现船和漂浮物撞击的风险。

3) 对航道变迁的管理

①有计划地开展城市桥梁桥位区域河床检测,及时准确了解河床下切情况并与设计单位沟通,掌握桥梁结构安全状态。当存在安全风险时,及时采取有效处置措施,确保桥梁结构安全。

②当出现可能引起航道改变的建(构)筑物建设时,要及时沟通协调,如果无法避免建(构)筑物建设,则需进行城市桥梁影响性评估,针对性采取防护措施,不使航道发生改变。

③当航道改变无法避免时,要提前进行城市桥梁影响性评估,针对性采取防护、加固措施,避免桥梁结构出现安全危害。

6.1.6 桥下堆积物

1) 桥下堆积物对城市桥梁的影响

桥下堆积物包括桥下填土、建筑垃圾、生活垃圾、易燃材薪等,对城市桥梁的影响如下:

①桥下填土和建筑垃圾会造成桥墩偏压受力,危及桥墩安全。不均匀堆载会对桥墩形成偏压,如果堆积土体出现滑动,更会使桥墩出现偏压,导致桥墩倾斜,严重时造成桥墩或基础剪切断裂。

②桥下堆积易燃材薪、生活垃圾极易引发火灾,导致桥梁结构受损。

③桥下堆积物产生的有害物质会对混凝土、钢筋形成化学腐蚀、生物腐蚀等,影响结构安全。

④桥下堆积物影响桥梁检测、养护工作实施。

2)桥下堆积物管理

①加强桥下空间管理宣传,未经允许,不得在桥下堆积任何物品。

②对必须发生的桥下堆积作业,应有专项设计方案和桥梁保护措施方案,进行城市桥梁影响性评估,经批准后方可实施。具体可参考本手册安全保护区规定执行。

③对未经允许的桥下堆积物,必须坚决予以清除。

6.2　安保管理

现有桥梁安保管理分为利用安保人员进行安全巡查或监控员利用技防(监控设施、红外报警设备)设施不间断巡视和监控。桥梁安保管理是城市桥梁安全运营第一道安全屏障,对城市桥梁的安全运营起着举足轻重的作用。

6.2.1　安保人员的职责

①对进入大桥重点要害部位的人员进行出入登记管理。

②对进入大桥区域内的人员进行追踪,发现有人员危及桥梁安全的行为,及时向桥梁管养机构报告或劝离相关人员,并做好值班记录。

③加强对大桥安全保护区的巡查与巡逻,发现在大桥安全保护区内从事危及桥梁安全的施工行为,及时向桥梁管养机构报告,并做好现场的拍照取证工作,同时对其施工行为予以劝阻,维护好现场秩序。

④加强对桥梁定时巡查,发现设施存在安全隐患或异常时,及时向桥梁管养机构报告,同时在保证自身安全的情况下做好现场安全隔离,并在此提醒过往车辆和行人,并做好现场交通秩序维护与疏导。

⑤积极配合桥梁管养机构做好突发事件的应急处置工作。

⑥负责做好巡查记录的填写、整理和归档工作。

6.2.2　监控人员的职责

①严格按照规定时间、工作范围集中精力注意观察,对异常、可疑情况做好记录并及时反映汇报。

②未经上级领导许可,任何人不得随意调取监控。若需调阅或复制监控视频的,必须征得桥梁管养机构相关责任领导的同意,并应按桥梁管养机构相关制度做好登记或对其提供的相关手续进行核验。

③对监控中心所监控范围、监控摄像的开启时间、监控到的内容、场所等做好保密工作。

④在当班时间内,不得做与本工作无关的事情,严格遵守工作纪律,禁止无关人员进入闲谈聊天,确因工作需要进入的做好登记工作。

⑤全面熟悉监控室内的设备功能和使用程序与方法,做到百分之百无误操作,确保设备正常运转,发挥其应有的作用。

⑥做好监控视频资料的保管和保密工作,禁止无关人员进入监控室,不得向无关人员谈及监控室的运作情况和值班情况。

⑦爱护使用监控消防设备,并做好监控中心控制室设备日常清洁工作。发现监控设备异常情况,及时向桥梁管养机构报告,确保设备设施随时处于正常运行状态。

⑧负责监控中心显示屏的监视工作,并全面观察和掌握桥梁管辖区域内的桥梁运营动态。发现异常情况,及时与有关安保人员联动进行处置。若安保人员无法处置的,及时向桥梁管养机构进行报告。

6.3　外单位施工管理

6.3.1　外单位施工前期准备工作

①外单位施工作业对大桥结构安全及使用功能有影响的,应当在施工作业前征求大桥原设计单位意见或按照当地大桥安全管理办法、《城市桥梁安全性评估规范》(DB 50/T 273—2021)的规定和要求进行桥梁影响性安全评估,并按安

全评估意见完善相关检测、监测工作和相关方案。

②对结构安全和使用功能有重大影响的,需在重庆市建设委员会组织下进行安全论证。

③对结构安全和使用功能有一定影响的,需在桥梁管养机构组织下进行安全论证,必要时邀请专家做咨询。

④对结构安全和使用功能无影响的,由桥梁管养机构批准后实施,并将全套施工资料交由桥梁管养机构进行备案,且要服从桥梁管养机构的施工安全管理。

6.3.2 外单位施工备案资料

外单位施工备案资料包括以下内容:

①规划许可证。

②建设工程施工许可证。

③重庆市建设委员会审批意见,涉及土地权属变更的,到相关部门办理手续。

④施工组织设计方案或正式的设计图纸等,并应附相关方案审查意见表。

⑤安全评估报告。

⑥事故预警和应急抢险方案。

⑦桥梁专家审查意见。

⑧填写××方案备案表或动火作业备案表。

6.3.3 外单位施工审批流程

①外单位需在大桥安全保护区内进行施工作业的,必须函告桥梁管养机构并征得同意。

②外单位在征得桥梁管养机构意向性同意后,应按有关规定办理相关手续,同时向桥梁管养机构报送书面申请材料(详见外单位施工备案资料),并如实填写××工程方案备案表或××工程动火作业备案表(需要时填写)。

③桥梁管养机构应按相关规定对申请材料进行初审、复核和审批。审批通过后,按桥梁管养机构有关规定取得决策依据后,签订安全管理协议。

6.3.4 外单位施工过程管理

①进场实施前,桥梁管养机构应组织召开施工安全技术交底会,并形成交底

会议纪要,并将其一并纳入备案资料中。

②外单位进场前,必须在桥梁管理单位或交管部门办理施工占道申请。如需进入重点要害部位,必须办理进出人员登记证、提供施工人员名单和身份证号码,证件实行一人一证。

③施工中,外单位应主动接受桥梁管养机构的检查,服从桥梁管养机构的管理。

④在施工过程中,现场使用的机具、材料堆码必须在桥梁管养机构指定位置进行规范堆码,并设置安全警示标识,同时做好消防措施。施工垃圾做到日产日清,严禁高空抛物和随意倾倒垃圾。

⑤外单位应严格按照施工方案进行施工,采取必要安全防护措施,确保既有设施设备完好。

6.3.5　外单位产权设施后期管理

①外单位应按照国家有关规定或安全管理协议对各自产权设施、设备、管线进行定期检查、维护和保养。

②在后期运营管理中,如产权单位自建设施、设备、管线出现缺损、破损后,应由相应的产权单位负全责实施修复处置并全额承担其费用。修复处置流程按照桥梁管养机构相关管理办法执行。

③桥梁管养机构在日常安全检查中发现各产权单位自建设施、设备、管线存在隐患、缺陷时,各产权单位应积极配合并限期进行处置,消除安全隐患。

④在后期维护管理工作中,外单位要确定专人与桥梁管养机构对接和沟通。如人员发生变化,要及时告知桥梁管养机构。

7 钢结构桥梁应急预案管理

7.1 应急预案编制概况

7.1.1 编制目的

为了快速、及时处置钢结构桥梁可能出现的重大安全风险,建立统一、规范、科学、高效的应急指挥体系,形成分工明确、责任到人、常备不懈的应急处置保障体系,保障公众生命财产安全、设备设施安全及交通安全,维护正常的工作秩序,最大限度地减少人员伤亡和财产损失,确保应急救援工作的顺利进行,应结合实际,制订应急预案。

7.1.2 工作原则

依照"以人为本、预防为主、统一领导、分级负责"的原则,高度重视公共安全工作,常抓不懈,防患于未然。管养机构做好应急处置的组织、领导和准备工作,建立和完善安全风险应急机制,整合现有应急资源,建立健全预测预警体系,提高应急管理和处置能力,快捷、高效、科学地处置事故造成的损失。

7.1.3 编制依据

依据《中华人民共和国突发事件应对法》《中华人民共和国安全生产法》《国家安全生产事故灾难应急预案》《生产经营单位安全生产事故应急预案编制导则》(GB/T 29639—2020)《重庆市生产安全事故应急预案管理办法实施细则》《重庆市突发事件风险管理操作指南(试行)》《重庆市突发公共事件总体应急预案》《重庆市城市桥梁事故灾难应急预案》以及管养机构《突发事件应急处置预案》等制订。

7.1.4　预案体系

从总体上阐述安全风险发生时的应急方针、政策,应急组织机构及职责,预防和预警机制、应急响应程序、应急处置、善后处置、培训和演习等基本要求和程序,是应对各类安全风险的综合性文件。

7.2　应急组织机构及职责

7.2.1　组织机构

设立应急中心指挥组,下设办公室和4个应急处置小组。

7.2.2　应急中心指挥组职责

①负责统一组织、协调、部署应急预案的实施工作及紧急处理措施。

②发布启动安全风险应急处置预案的命令,研究解决安全风险处置过程中的重大问题。

③根据安全风险的性质和实际情况,迅速制订或调整抢险救援方案。

④及时向上级和有关部门报告安全风险处置进展情况。

⑤协调市区相关职能部门,共同处理安全风险。

⑥配合有关部门组织做好安全风险事故的调查处理工作。

⑦组织做好稳定生产秩序和伤亡人员善后处理和对家属的安抚工作。

⑧组长因公不在的情况下,由副组长全权指挥。

7.2.3　应急中心指挥组办公室职责

①应急中心指挥组办公室是管养机构应急指挥组的日常办事机构。

②负责应急准备、信息的报送、组织协调上级和各相关部门应急处置工作,联络各职能部门开展工作。

③负责应急工作的物资储备、管理和发放。

④负责与外界相关媒体的渠道沟通,正确引导公众舆论。

7.2.4　应急处置小组职责

①现场处置救援组:负责组织本小组成员,及时赶赴现场,展开抢险救援工

作;抢救伤员、全力排除险情、控制事态不良发展,将人员伤亡、财产损失减少到最小,并随时将突发事件的发展趋势以及采取的对策和措施报告管养机构应急中心指挥组。

②现场安全保卫组:负责组织本小组成员,及时赶赴现场,指挥现场安全保卫工作;设置事故现场警戒区,疏散危险区域的行人和车辆、封闭交通,同时加强对道、桥、隧重点要害部位进行守护,防止可疑人员破坏设施,对肇事嫌疑人实施监控;必要时,调动预案相应单位组织安保人员现场救急,并随时将突发事件的发展趋势以及采取的对策和措施报告应急中心指挥组办公室。

③现场勘查组:配合相关部门进行实地勘察取证工作,为有关部门提供物证;协助相关部门从专业角度提出事故的成因;提供工程抢险所需的道、桥、隧等相关资料;随时报告工程出现的各种问题。

④后勤保障组:根据现场发展的需要,及时调运管养机构及其他桥管处储备的抢险物资,联系预案响应单位,调用抢险物资、工程机械和机具,为事发现场处置工作提供有效的物资保障。

7.2.5　应急中心指挥组组长和各应急处置小组组长岗位职责

1)应急中心指挥组组长职责

负责对重大突发事件的全权决定和处理;根据现场危险等级、潜在后果等决定预案的启动;事件超出处置能力时,向上级应急机构提出救援申请;负责或授权发布应急预案启动、解除、升降级命令和应急处理,接受上级应急部门的相关命令。副组长协助组长做好应急处置工作,组长不在的情况下,由副组长全权负责处置指挥。

2)应急中心处置救援小组组长职责

①现场处置救援小组长:负责对事故现场的协调、指挥、救援处置工作;向组长及上级相关部门提出应急程序和行动建议;完成现场应急处理和救援任务;副组长全力协助组长开展现场救援处置工作,组长不在的情况下,由副组长全权负责处置指挥。

②现场安全保卫小组长:负责事故现场的保护,设置安全警戒线,积极协助

交警做好交通疏导,疏散围观人群,严禁闲杂人员进入事故现场。

③现场勘查小组长:负责对事发现场进行勘察取证、摄像,对事发现场有无潜在和次生事故进行分析评估,对重要设施后期修复提供技术保障。

④后勤保障小组长:负责做好现场所需的人、财、物等的协调,对所需的机具设备、施工队伍进行联系、协调。

7.2.6 应急组织机构框架

应急组织机构框架见图7.1。

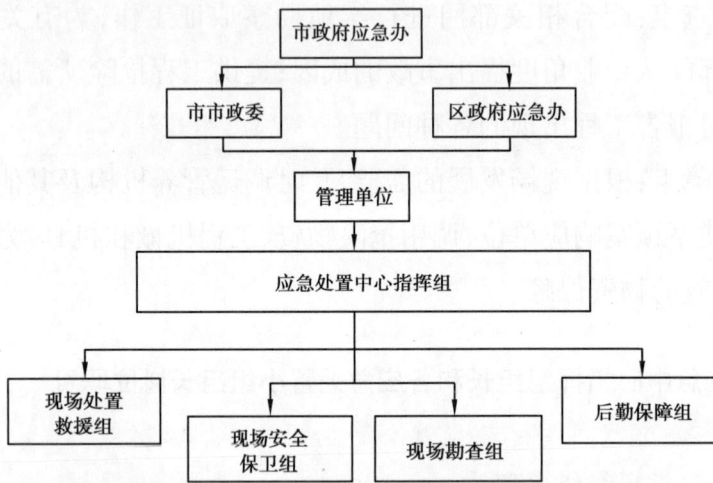

图7.1 应急组织机构框架图

桥管处在管理过程中可能发生的突发事件类型及相应处置措施见表7.1。

表7.1 突发事件处置表

序号	事件类型	处置措施
1	治安事件(含群体闹事事件)	1.立即赶赴现场(如事态轻微,无人伤亡或财产损失)自行处理; 2.(如事态严重)立即报警; 3.隔离和劝散围观人员,保持通道畅通; 4.配合调查,现场取证; 5.倾听民意,疏导群众; 6.对事故受伤人员施救; 7.清理现场,恢复秩序

序号	事件类型	处置措施
2	交通事故(人员伤亡、设施损坏)	1.立即报警并报告责任部处,并通知有关部处人员赶赴现场; 2.配合交警视情况疏散人员,隔离围观群众; 3.现场取证,并填写车祸事故情况登记表,事故当事人签字; 4.配合医务人员对事故伤亡人员分别施救和处理; 5.将机动车移至不妨碍交通的地点; 6.根据损毁设施的不同权属,通知道路、桥梁、供电、通信等有关部门及时处理; 7.初步评估出车祸对设施影响程度的初步结果,及时办理索赔事宜; 8.车祸事故造成的设施修复,在赔偿金额能够自行平衡的情况下,原则上按车祸赔偿合同走流程报批;如果车祸事故造成了较大的设施损毁或严重安全隐患,按《运营抢险工程管理办法》执行; 9.实施临时抢险,以恢复交通; 10.后期对现场设施损毁进行修复
3	运输易燃易爆、危化品车辆在桥上滞留或发生泄漏	1.立即向管养机构领导报告和报警,对车辆进行监控; 2.配合公安机关封锁现场,疏散人员,保证救援车辆进入; 3.配合环保部门对危险化学品事故现场进行应急环境监测; 4.敦促公安、消防等单位尽快处理,直到全部转移到安全地方为止; 5.配合环保、消防部门实施现场清理,以消除隐患
4	船舶等漂浮物危及桥墩	1.发现该隐患的人员,在向有关部处报告的同时,不得离开,并采取适当措施予以监护; 2.配合交警部门在大桥两端实施紧急封路措施; 3.通知海事、航道部门立即赶赴现场; 4.配合政府有关部门采取措施引导船舶等大型河道漂浮物避开桥墩,或者减小漂浮物的速度和对桥墩的冲击,将损失降到最低; 5.现场勘察组织人员对事发现场做好资料收集,对抢险救灾的过程进行摄像、照相;

续表

序号	事件类型	处置措施
4	船舶等漂浮物危及桥墩	6.待船舶等大型河道漂浮物通过大桥后,视其对桥墩的撞击情况,或者对被撞桥墩进行有关检测,或者立即组织专家对大桥安全状态进行评估,若无大碍立即开放交通; 7.大桥如有损伤,应对受损桥墩进行检测,并尽快出具桥梁抢修方案
5	地震、自然灾害等不可抗力事件	1.立即赶赴现场; 2.配合应急办、公安等相关部门,组织营救被困群众和受伤人员; 3.做好安抚工作,发动群众自救互救; 4.配合医疗救助和卫生防疫; 5.协助调集所需物资; 6.组织力量对管辖范围的设施进行检查,开展应急抢险,帮助尽快恢复生产和生活秩序;察看设施受损情况,并组织有关专家对桥梁的技术状况进行评估;根据现场设施受损的严重程度,协助强力部门采取封闭交通等措施; 7.对存在安全隐患的设施,设置警示标志,应采取临时抢险
6	车辆事故造成大面积漏油或发生自燃	1.立即赶赴现场; 2.组织疏散和营救被困群众和受伤人员; 3.配合交警、消防部门清除现场油污,消除隐患
7	高边坡或挡墙等附属设施发生垮塌	1.立即赶赴现场; 2.配合市区应急部门及公安、消防、市政或土地房管部门组织疏散和营救被困群众和受伤人员; 3.积极配合清障,尽快疏通交通; 4.共同会商评定路、桥、隧损失情况; 5.组织应急抢险
8	恐怖分子对大桥进行破坏活动	1.立即赶赴现场; 2.配合公安和应急部门迅速封锁现场和要道,维护治安和交通秩序; 3.营救受伤人员; 4.尽快查明情况,以防止事态发展;

序号	事件类型	处置措施
8	恐怖分子对大桥从事破坏活动	5. 全力抢险,以消除隐患; 6. 协助开展缉捕行动; 7. 加强防范控制,加大巡逻守护力度
9	办公区域和重点要害部位发生重大火灾事故	1. 立即赶赴现场,组织疏散和营救被困及受伤人员; 2. 协同配合公安、消防部门全力灭火抢险; 3. 尽快查明情况,以防止事态发展
10	车辆事故损坏重要设施	1. 立即赶赴现场,组织疏散和营救被困群众和受伤人员; 2. 配合交警、消防部门实施交通管制,全力灭火; 3. 配合交警和消防部门在大火扑灭后移动事故车辆并进行清障; 4. 对隧道损坏情况进行评定; 5. 根据损毁设施的不同权属,通知道路、桥梁、供电、通信等有关部门及时处理; 6. 实施抢险,恢复交通
11	施工现场发生重大人员伤亡事故	1. 第一时间赶赴现场,立即停止事故现场周边的作业并启动生产安全事故应急预案; 2. 做好现场保护工作; 3. 配合市区安监、公安、卫生等部门对伤亡人员进行救治和处理; 4. 配合调集应急队伍进入现场,采取有效措施,控制事态
12	雷电、强风、暴雨造成重要设施损坏或汛期发生重要道路被淹没	1. 第一时间赶赴现场查看情况; 2. 紧急营救被困人员; 3. 根据损毁设施的不同权属,通知市政、道路、桥梁、供电、通信等有关部门及时处理; 4. 视情况采取封路、交通管制等措施; 5. 调集力量实施紧急抢险,恢复交通

续表

序号	事件类型	处置措施
13	大桥供配电设施发生火灾	1. 要求供配电室人员第一时间切断电源,如火势较大,无法切断电源时,通知上一级变配电所切断电源; 2. 第一时间赶赴现场处理; 3. 如火势较大,应急队伍无法控制,迅速通知消防部门处置,再通知电力等部门到场处理; 4. 配合消防、电力部门实施灭火、修复等工作
14	主桥、立交或隧道发生垮塌	1. 第一时间赶赴现场查看情况; 2. 组织营救被困人员; 3. 通知公安、市政、国土、电力、通信等部门到场处理; 4. 视情况配合交警采取封路、交通管制等措施; 5. 将情况及时告知租赁和回购方业主,要求对方立即整改,并在事后检查落实情况;调集力量实施临时紧急抢险,尽快恢复交通
15	轻轨运行造成桥梁设施损坏	1. 第一时间赶赴现场查看情况; 2. 通知交警、轻轨集团等到场处置; 3. 视损坏程度确定是否采取封路封桥等措施; 4. 对受损设施进行检测,并尽快出具桥梁抢修方案; 5. 调集力量实施紧急抢险,尽快恢复交通
16	大雾、冰雪等恶劣天气造成道路不具备通行能力	1. 第一时间赶赴现场; 2. 划出警戒线,疏散车辆和人群; 3. 视情况通知交警实施临时封路及交通管制措施; 4. 调集力量对路面进行整治,清除路障

7.3 善后处置

7.3.1 善后处置

①配合市或区相关部门,对事件进行调查处理。

②对损坏的设备设施,应尽快编制维修计划,按申报流程修复完善。

③如果事件造成管养机构人员伤亡和财产损失,应按照有关政策,尽快给予善后安抚和赔付。

7.3.2 调查与评估

对突发事件的起因、影响、责任、经验教训和恢复重建等问题按照"四不放过"原则("四不放过"原则:事故原因没有查清不放过;事故责任者没有严肃处理不放过;广大群众没有受到教育不放过;防范措施没有落实不放过)进行调查评估和处理。

7.3.3 实施修复

根据事故造成的损失拟订修复计划,报管养机构领导批准后组织实施修复工作。

7.3.4 做好后续报告

应根据事件处置情况,做好向上级有关部门的后续报告工作,也应向员工发布简要信息和应对措施等。

7.4 培训和演习

①管养机构各部处要根据管养机构制订的《突发事件应急预案》的相关要求,制订相应的应急预案,储备相应的应急物资,组织部处全体人员开展学习培训,熟悉实施预案的工作程序和工作要求,确保每个岗位人员在重大事故发生时知道该做什么和该怎么做,做好实施预案的各项准备工作。

②管养机构每年落实专项资金作为应急预案演练经费,各部处每年组织开展一次专项预案应急实战演练。每次实战演练完成后,各部处应对演练情况进行评估,并将评估情况报管养机构安保部。安保部要及时总结经验教训,针对薄弱环节提出改进意见,不断修订完善预案,进一步提高员工应急反应能力。

7.5 预案管理

管养机构各部处应根据预案和应急管理职责,组织制订相应的应急预案和保障计划。

　　为确保应急预案的科学性、合理性和可操作性,管养机构应适时对预案进行修订和完善。原则上,每2年由管养机构安全管理部门牵头组织评审修订一次。

7.6　超重车辆管理

7.6.1　超重车辆的定义

　　超重车辆一般指超过设计规范限定荷载的车辆,按照交通运输部《超限运输车辆行驶公路管理规定》(交通运输部令2016年第62号),以下货车为超重车辆:

　　①二轴货车,其车货总质量超过18 000 kg。

　　②三轴货车,其车货总质量超过25 000 kg;三轴汽车列车,其车货总质量超过27 000 kg。

　　③四轴货车,其车货总质量超过31 000 kg;四轴汽车列车,其车货总质量超过36 000 kg。

　　④五轴汽车列车,其车货总质量超过43 000 kg。

　　⑤六轴及六轴以上汽车列车,其车货总质量超过49 000 kg,其中牵引车驱动轴为单轴的,其车货总质量超过46 000 kg。

　　超重车辆的危害远远大于一般车辆,为规范超重车安全通过大桥,减小交通安全事故发生,保护人民群众和国家、集体、个人财产安全,延长桥梁设施使用寿命,降低维护成本,减少桥梁设施的维护频率和周期,管养部门必须配合行政主管部门加强桥梁限载限量与限速管理。

7.6.2　超重车过桥管理措施

　　①根据相关法规规定,装载超重物品或者易燃易爆等危险物品的车辆通过桥涵设施时,应事先报经市政行政主管部门和公安交通管理部门批准,采取必要的保护措施,按批准的时间在管理人员监护下通过。同时,桥梁管养机构应加强重车过桥阶段对桥梁状态的监测和检查。

　　②做好重车过桥宣传。坚持路面专项治理与源头长效治理相结合,印制超重车对桥梁危害的宣传单,对周边物流公司、大件设备单位、施工工地等进行上

门宣传服务。

③完善重车过桥警示标识。对管理的桥梁各个入口处都设置超重超限车及危化品车过桥限载标识和联系电话。

④完善重车检测和抓拍设备。宜在管理的每座大桥桥头安装弯板称重设备。该设备在重车动态通行时,能自动对该车进行抓拍,自动显示该车车牌号及该重车质量。

⑤配合开展执法。行政手段、经济手段和法律手段相结合,桥梁管养机构宜联合行政执法部门,对通过大桥的重型车辆进行教育、处罚。

8 钢结构桥梁养护工程管理

钢结构桥梁养护工程包括钢结构桥梁检测与评估、养护与维修方案设计等技术咨询类工程以及钢结构桥梁维修加固、机电及结构设施或设备的维修及更换、桥梁周边环境打造及既有景观设施改造等施工类工程。钢结构桥梁养护工程管理是延长钢结构桥梁使用寿命、提升钢结构桥梁构配件耐久性中极其重要的一环，管养机构必须合理划分管理职责，术业专攻，各职能部门协同配合加强工程管理。

8.1 养护计划管理

8.1.1 钢结构桥梁养护计划编制的原则

钢结构桥梁养护工作应遵循"安全至上、预防为主、防治结合、经济耐久、绿色环保"的原则，其养护计划编制的原则是"立足钢结构桥梁使用寿命周期，兼顾规范要求，科学编制"。每座钢结构桥梁都应有短期养护、中长期养护及应急养护规划。必须严格执行规范要求，定期制订并开展周期性养护工作。科学编制计划则是要求在满足规范强制性要求的前提下，合理优化养护（设计）方案，尽可能减少养护成本，以创造更多的社会效益。为掌握钢结构桥梁的使用寿命周期成本，要求管养机构在开展钢结构桥梁养护工作中必须要有前瞻性和预见性，要用科学的观念、科学的手段、科学的方法来指导和推进钢结构桥梁养护工作。

8.1.2 钢结构桥梁养护计划的编制范围

①按照规范必须开展的钢结构桥梁检测与评估工作。

②按照规范必须开展的钢结构桥梁养护维修工作，按照养护目的划分，钢结

构桥梁养护工程类型分为日常养护、预防养护、修复养护、专项养护及应急养护工作。

③特殊情况下发生的钢结构桥梁检测、评估和维修工作。

④桥梁管养机构应基于钢结构桥梁使用寿命周期内养护成本最小化和其他因素开展的养护、维修计划编制工作,充分考虑防治结合,分清轻重缓急,鼓励推行新材料、新技术的应用。在管养初期,管养机构应提前谋划,根据钢结构桥梁运营周期、交通车流量变化、地理位置及环境影响等与桥梁使用寿命挂钩的影响因素制订短期、中期及长期管养维护计划,通过长远规划,尽量降低总体养护成本,最大限度延长桥梁的使用寿命,降低对交通的影响。

8.1.3　钢结构桥梁养护计划主要内容

钢结构桥梁养护计划主要内容应包括项目名称、项目概况、主要实施范围、主要实施内容、工程量、主要工艺及方法、主要设备和材料技术指标和参数及费用预算等。养护计划应由管养机构内部工程技术人员编制,机构内部技术职能部门共同参与审核修订,并充分征求参建各方及有经验的钢结构桥梁施工单位的意见,形成主要实施方案。根据方案技术措施难度(或涉及危大分部分项)组织专家评审,查漏补缺,确保计划的可行性和实用性。

8.1.4　钢结构桥梁养护计划编制要求

按照规范和制度要求必须开展周期性工作计划。

①管养机构宜在每年年底制订第二年的年度养护计划,包括钢结构桥梁检测评估、变形观测计划、养护维修计划和改善工程计划。小型修复计划及应急修复计划发生在年度养护周期内,根据实际情况变化和巡查结果制订相应计划。

②在钢结构桥梁养护年度内,管养机构应不定期开展日常巡查和保养工作。在日常巡查过程中发现钢结构桥梁结构、部件、构件存在局部轻微损坏时,应尽快制订小型修复工程(零星维护计划)或应急修复计划,在规定短期时限内完成修复工作。其适用类型包括以下两种:

a.存在一定安全隐患,必须立即消除;

b.存在迅速发展、劣化的可能,必须立即遏制。

③钢结构桥梁检测计划,按照规范和本手册规定的检测内容,每年度结合管

养机构需求编制,并开展经常性检查、定期检测与评估、防雷检测、变形观测等检测计划。

④制订钢结构桥梁养护维修计划,应综合当年度实施的检测资料和养护建议,并结合管养机构日常巡检结果,提出养护维修计划。需委托专业设计单位进行方案设计的,要将设计任务一并纳入计划中。

a. 预防养护计划是指桥梁技术状况评定为 1 或 2 类,存在轻微病害,为延长使用寿命、延缓性能衰减而预先采取的主动防护计划,日常保养及小型修复计划也属于预防养护计划。

b. 修复养护计划是指桥梁技术状况评定为 3 或 4 类,存在明显病害,为恢复其使用功能而进行的功能性、结构性修复或更换。

c. 专项养护计划是指桥梁技术状况评定为 4 或 5 类,为恢复、保持或提升服务功能而集中实施的完善增设、加固改造、拆除重建、灾后恢复等。

钢结构桥梁养护维修应从保障功能、消除安全隐患、外在景观效果 3 个不同的层面,结合使用寿命周期成本和社会交通影响等因素进行综合考虑。

①钢结构桥梁养护计划应按照养护对象不同进行划分,以便于工程管理、统计。例如,按大类可划分为土建类、机电类、采购类和其他类。其中,土建类包括钢结构涂装、桥面系铺装、结构等;机电类包括强、弱电、通信网络等;其他类包括水费、电费、航道及航标管理费等。

②计划的编制应做到有据可查、有规可依。经过相关部门或上级主管单位的审核后方可立项实施。

③对于较大的专项计划,编制计划前应提前设计、论证专项方案,以便达到计划的准确性和完成资金申请工作。

④根据计划的实施情况,因突然要求或突发事件而需制订的计划,管养机构可指定调整计划(调增或调减)。

8.2 建设程序管理

钢结构桥梁养护工程建设程序管理是确保工程项目依法依规顺利实施的重要保证,必须由相关部门协同管理。钢结构桥梁养护工程按规模可划分为大型维护项目、一般维护项目、小型维护项目和应急维护项目。

8.2.1　大型维护项目

大型维护项目应参照相关法律法规的工程建设程序有序实施。建设程序主要包括以下步骤(步骤的顺序不能任意调整、颠倒,但可以存在平行交叉)。

1)编制项目建议书

项目建议书是要求建设某一具体项目的建议文件,是基本建设程序中最初阶段的工作,是投资决策前对拟建项目的轮廓设想,旨在论述项目建设的必要性、条件的可行性和获得的可能性,供建设管理部门选择并确定是否开展下一步工作。

2)开展可行性研究和编制设计任务书

项目建议书一经批准,即可着手进行可行性研究。可行性研究是指项目决策前,通过对项目有关的工程、技术、经济等方面进行调查、研究、分析,对各种可能的建设方案和技术方案进行比较论证,并对项目建成后的经济效益进行预测和评价的一种科学分析方法,由此考察项目技术上的先进性和适用性,经济上的盈利性和合理性,建设上的可能性和可行性。设计任务书将可行性研究报告中相关要求加以具体细化,是作为工程项目进行方案设计前的技术文件和重要依据。

3)设计阶段

从技术和经济上对项目作出详尽规划,一般采用两阶段设计,即初步设计和施工图设计。对于技术复杂的项目,可增加技术设计,按三阶段进行。

4)安排工程计划

可行性研究和初步设计报请有条件的工程咨询机构评估,经认可,报计划部门,经过综合平衡,列入年度基本建设计划。

5)建设准备

办理施工许可证,接入水、电、气,落实施工队伍,组织安排物资、机械等其他准备工作。

6）施工阶段

准备工作就绪后，施工方案报请监理方及建设方审核，涉及危大或技术难度大的分部、分项工程应组织专家评审。提出开工报告，经批准，即开工兴建。在正式施工阶段，应遵循施工方案、计划安排，按照设计要求和施工技术验收规范，开展作业。

7）生产准备

生产性建设项目开始施工后，及时合理调配施工力量，按照工期倒排计划合理安排施工顺序，有计划有步骤地开展生产工作。

8）验收投产

按照标准及程序，对工程开展预验收及竣工验收，编制竣工资料和竣工决算资料，并办理固定资产交付生产使用的手续。

9）项目后评估

项目完工后对整个项目的造价、工期、质量、安全等指标进行综合分析和评价，并与同类型项目进行综合比对，计算得出项目综合后评估分数。

8.2.2　一般维护项目

1）项目立项

管养机构根据年度日常巡查、变形观测报告、定期检测报告等，提出年度日常维护项目实施计划。对需要开展专项设计的项目同时提出项目设计计划，报管养机构（存在上级主管单位的，需同时报批）立项审批。

2）项目技术要求（设计）

由项目实施所在地的桥梁管理部门起草项目技术要求，经桥梁管养机构技术职能部门逐级审核、综合会审通过后，确定最终实施方案和要求。对需要开展专项设计的项目,应从技术和经济上对项目作出详尽规划。技术难度小、规模小的项目可直接进行施工图设计。中型项目一般采用两阶段设计,即初步设计和施工图设计。技术难度复杂的项目,可增加技术设计,按三阶段设计进行。

3)安排工程计划

对完成技术要求审核或完成设计的项目,根据技术要求或施工图设计编制项目预算,报计划部门,经过综合平衡后列入年度基本建设计划。

4)建设准备

组织三级交底,办理临时用水、电、气,落实施工队伍,组织安排物资、机械等其他准备工作,制订工期计划。

5)施工阶段

准备工作就绪后,施工方案报请监理方及建设方审核,涉及危大或技术难度大的分部、分项工程应组织专家评审。提出开工报告,经批准,即开工兴建。在正式施工阶段,应遵循施工方案、计划安排,按照设计要求和施工技术验收规范,开展作业。

6)生产准备

生产性建设项目开始施工后,及时合理调配施工力量,按照工期倒排计划,合理安排施工顺序,有计划、有步骤地开展生产工作。

7)验收投产

按照标准及程序,对工程开展预验收及竣工验收,编制竣工资料和竣工决算资料,并办理固定资产交付生产使用的手续。

8)项目后评估

项目完工后,对整个项目的造价、工期、质量、安全等指标进行综合分析和评价,并与同类型项目进行综合比对,计算得出项目综合后评估分数。根据综合得分,管养机构单位库管理部门应根据单位库管理制度开展库内单位择优筛选等一系列工作,达到后续项目高效、保质实施的目的。

8.2.3 应急维护项目

1)项目立项

针对年度养护周期内,因突发事件造成设施损坏或因紧急任务必须立即实施的项目,管养机构内部桥梁管理部门提出立项申请(内部请示),经各职能部门及管养机构领导审核同意后,即同意立项实施。

2)组织施工

应急维护项目施工时间普遍时限较短,立项之后需立即组织施工力量开展施工作业。桥梁管理机构一线抢险部门调配人力物资立即开展现场施工作业。在施工期间,桥梁管理部门负责做好项目实施期间质量管控和安全监管等工作。

3)项目验收

完工后,由管养机构技术职能部门、一线抢险部门及桥梁管理部门联合对项目实施情况进行验收。

8.3 工程实施管理

8.3.1 方案管理

①针对日常巡查、变形观测报告、定期检测报告中提出的钢结构桥梁病害,桥梁管理部门及技术部门要按照规范要求及时制订养护计划,并开展养护维修。对于普遍性简单病害的处置,业主可根据养护工程实际情况决定是否委托专业单位开展专项维护维修设计。

②针对需要开展专项维护维修设计的养护工程,必须做好以下工作:

a.根据设计单位需求,提交钢结构桥梁成桥竣工资料、历史维修加固工程资料、历年观测及检测资料等。

b.若所提供的资料无法满足设计要求,则应补充相关资料以完善设计。补充资料的收集可由设计单位完成,也可外委其他专业机构完成(如补勘、复测等)。

c.在设计阶段,应与设计单位保持密切沟通,以便双方充分交流,优化设计方案,确保设计工作的顺利推进。

d.桥梁管理部门及技术职能部门共同审查设计单位提交的设计文件,需要组织召开专家评审会的,应完整记录专家评审修改意见,督促设计单位按意见修改完善。

e.对照专家评审修改意见,验收设计文件并存档。

③针对无须开展专项维护维修设计的养护工程,桥梁管理部门必须自行拟定维护维修技术要求(方案)。方案内必须明确工程概况、工程部位、实施内容、工程量、施工措施、主要材料技术指标、主要工艺方法和交通组织措施等内容。

8.3.2 招投标管理

商务(计划经营)部门按照审批通过后的技术要求或图纸开展预算编制工作,大中型或技术难度大的养护维修工程可外委专业审价机构进行编制。商务部门应严格执行国家法律法规和管养机构规定,通过公开招标、比选等形式确定实施单位。钢结构桥梁养护工程应在符合招投标国家政策、制度的前提下,尽可能围绕简化流程、优化工期、保证质量、降低成本的指导思想下开展。

1)招投标管理职能部门及职责分工

①工程技术部门及桥梁管理部门:负责招(竞)标维护项目设计方案、技术要求的编制及审核,配合相关职能部门完成项目前期相关手续等工作。

②商务(计划经营)部门:负责年度维护计划内维护项目招(竞)标工作,组织编制、起草招(竞)标项目的招标文件、编制招标控制价,办理项目前期相关手续和整个招投标的管理工作。

③法律审计部门:负责审查招(竞)标项目的招标文件、复核招标控制价,负责养护单位信息库的日常管理、更新及后评估工作。

④监督部门:党支部和纪律检查委员会负责对招(竞)标工作开展全过程监督。

考虑到养护维修工程的紧迫性和公开招投标程序的冗长、周期性,各职能部门需协同合作,精心组织并安排项目招投标工作,确保工作效率。

2）招标原则

①按照招投标管理国家政策、制度和管养机构规定,必须进行公开招投标的钢结构桥梁养护工程,要依法依规开展项目招标、评标工作。

②可以不进行公开招投标的钢结构桥梁养护工程,尽量采取邀请招标、竞争性比选或直接委托的方式开展项目招投标工作,以提高工作效率。除应急抢险项目和小型维护(零星维护)项目外,其余项目宜采用竞争性比选方式确定实施单位。针对需立即实施并消除安全隐患的应急抢险项目和小型维护(零星维护)项目,实施单位宜通过轮选库内逐次轮选的方式确定实施单位。

3）招标程序

（1）公开招投标基本程序

钢结构桥梁养护项目一般采用资格后审的公开招标方式,招标投标的基本程序必须满足国家现行法律法规。

（2）竞争性比选基本程序

竞选前,职能部门根据项目特征、工种、规模确定拟竞选单位资质及人员要求,商务(计划经营)部门根据资质要求邀请 3~5 家(单位数量视项目规模而定)承包商参与投标,同一合同段不得少于 3 家参与投标。竞争性比选的基本程序如下:

①招标单位编制并审定竞争性比选文件,确定工程项目限价;

②商务(计划经营)部门编制限价报告或委托有资质的审价单位编制限价报告;

③招标单位发比选邀请函至邀标单位;

④投标人提交投标文件,招标人进行公开开标;

⑤评标小组评标,评标小组编写评标报告并确定中标候选人;

⑥招标人确定中标单位,向中标人发出中标通知书;

⑦招标人与中标人订立合同。

4）招投标管理的记录和归档

按照规定,管养机构内商务(计划经营)部门应对招投标活动进行档案管理。工程招投标档案资料应建立专门的工作案卷,并由对口职能部门统一负责档案管理及归档。招投标档案包括招标记录、招标预算、招标文件、评标办法、评标文件、评标委员会名单、评标报告、合同文本、答疑清单、投诉处理及其他有关文件,以及其他资料。

5)养护单位信息库管理

(1)养护单位信息库的建立

鉴于大部分钢结构桥梁养护维修工程项目工程量较小、造价相对较低,且存在较多应急抢险及临时排危等情况,为更高效确保钢结构桥梁运营安全,管养机构应根据具体情况建立养护单位信息库。养护单位信息库内按土建类、机电类、采购类、服务类、应急前期处置及零星项目轮选共计五大类。法律审计部门会同工程技术部门、桥梁管理部门共同进行入库单位资格评审,并按报名单位主要资质进行分类。

(2)养护单位入库资格要求

①具有独立承担民事责任的能力。

②具有良好的商业信誉和健全的财务会计制度。

③具备履行合同所需的设备、人力、机械和周转资金及专业技术。

④有依法缴纳税收和社保的良好记录。

⑤未被相关行政主管部门暂停投标资格;若入库后,经查处发现其隐瞒被暂停投标资格的情况,取消其入库资格及其他参与项目的资格。

⑥在报名截止日前两年期间,人民法院判定拟入库单位存在犯行贿罪的,在其相关文件规定的期限内不得入库。若入库后,经查处发现其隐瞒犯罪事实的情况,取消其入库资格及其他参与项目的资格。

⑦拟入库单位的经营范围和资质应满足邀请函及养护单位信息库空白专业的要求。

(3)养护单位信息库运营管理

为落实招标比选程序,管养机构技术部门或管养机构相关部门按照职责划分,根据项目规模、技术复杂性、技术专一性等各方面因素拟定实施单位或其他服务合作单位的资质要求、人员要求及业绩要求,并报商务(计划经营)部门、法律审计部门复核后,呈资格拟定部门分管领导及相关部门分管领导审批,最终由总经理审批后按其执行。工程类(土建类、机电类)维护项目由技术部门会同商务(计划经营)部门及项目经办桥梁管理部门共同抽取拟邀标单位,法律审计部门全程监督抽取过程。

①养护单位的抽取。根据工程类项目限价,由项目经办桥梁管理部门、技术部门、商务(计划经营)部门等相关部处在法律审计部门全程监督下抽取3~5家单位参加比选,根据综合评标比选结果,确定中标单位。

如库内工程类备选单位无法满足抽取数量要求,应由项目经办桥梁管理部门、技术部门、商务(计划经营)部门共同推荐具备相应资质、业绩、能力,且与项目要求相符、诚信经营的备选单位,报管养机构上会决议后,参与抽取或竞标。

②特殊情况下,无法采取竞争性比选或直接抽取确定实施单位时,由项目经办桥梁管理部门或项目经办部门报请管养机构上会决议,确定实施单位。合同费用应采用谈判方式确定,但不得高于可供参考的标准,费用谈判过程应形成会议纪要作为项目确定实施单位的决策依据。

③养护单位后评估。养护单位信息库应采取动态管理机制,法律审计部门应会同相关部门定期或不定期对库内单位项目实施情况及效果进行审查考核。项目承办部门应根据实施单位在工程实施期间及质量保修期间的真实表现,客观、公正、公开地填报工程项目养护单位综合评分表,并交技术部门及法律审计部门复核。法律审计部门每年度末应汇总计算得出本年度承包工程项目各单位的平均分,根据管养机构养护单位库管理办法,对平均分未达到合格线的养护单位应予以移出。

8.3.3 过程管理

1)施工技术管理

(1)对建设方层面的施工技术管理

①技术职能部门牵头并组织项目现场代表及其他参与人员认真仔细熟悉设计文件及标准、规范、规程,深入了解设计意图和施工方法,了解施工工艺、质量控制重点、质量检验及检测方法、指标等,便于施工过程中合理把控关键技术施工节点,保障施工质量。

②技术职能部门牵头并组织项目设计技术交底工作。业主单位、设计单位、

施工单位、监理单位等参加单位参与由业主单位组织的设计技术交底工作,由设计单位详细阐述设计文件重要内容,参建各方针对设计文件及设计单位的介绍,在会上提出疑问,设计方当场进行解答。针对会上已明确答疑的问题及其他未尽事宜,应通过补充设计及文件或会议纪要等正式文件予以回复,其作为项目实施的重要依据。

③收集竣工文件并归档。

(2)对施工单位层面的施工技术管理

①督促施工组织设计编制工作。项目正式进场前,由施工单位负责编制施工组织设计方案,涉及长时间、大面积、交通转化复杂及车流量大的占道施工,施工单位应单独编制交通组织方案,经施工单位内部审查签字通过后报监理单位、业主单位。施工组织设计主要内容包括工程概况、编制依据、施工进度计划及资源配置计划、施工工艺技术、材料规格及技术指标、施工安全保障措施、文明施工保障措施、施工管理及项目主要人员配置及分工、项目验收要求、档案要求、应急处置预案、计算书及相关图纸等。针对满足危大工程条件的,施工单位还要编制专项方案。专项方案内容除以上内容外,还应包含工装措施的技术参数要求、组装要求、荷载试验等内容。

②开展施工组织设计审批工作。施工单位编制完成施工组织设计方案后,报监理单位(如有)、业主单位审核,满足要求后参建各方应及时签批相应资料,便于后续开展施工作业。

一般施工组织设计方案由桥梁管理部门技术人员审核并经负责人签字认可后报管养机构技术部门审核,最后由项目负责人审批。如有监理单位,必须先完成监理单位签批后再报桥梁管理部门及管养机构技术部门审批。

专项施工方案由管养机构技术部门牵头并组织专家评审会,桥梁管理部门技术人员及桥梁管养机构参与评审。专家组成员应当邀请具有路桥建设及养护经验的专家担任。具有针对性的专项方案(如高空吊架、吊篮),应邀请具有对口专业或具有丰富经验的专家参加评审。

a.施工组织设计审批流程如下:

• 初审由施工单位完成内部审核;

• 复审由监理单位完成审核;

• 终审由业主单位技术审查组(一般施工组织设计)或专家评审组(专项方

案)审核。

b. 组织并召开管养机构级安全技术交底会。针对施工组织设计或专项方案内的施工注意事项、安全注意事项、文明施工等内容,由业主单位在项目开工前组织设计、监理及管养机构相关职能部门对施工单位开展管养机构级安全技术交底。交底内容如下:

- 项目的施工作业特点和风险源;
- 施工过程中,分部分项工程、隐蔽工程,以及采用新工艺、新技术、新材料、新设备及容易发生安全事故的关键节点;
- 针对风险源应采取的预防、纠偏措施;
- 安全文明施工事项及要求;
- 作业人员安全操作规程及注意事项;
- 发生安全事故后,应采取的措施和应急预案响应要求。

c. 负责对施工单位提出的技术问题做出响应。

d. 督促施工单位编制项目施工过程资料及竣工档案资料并审查。

2)施工质量管理

(1)施工质量管理机制及人员

①钢结构桥梁维护维修项目质量管理应由管养机构专门的技术部门进行协同管理,管理人员应具备丰富的钢结构桥梁管养经验或施工经验。

②对于需实行监理的养护维修项目,管养机构应委托具有相应资质等级的工程监理单位实施监理服务,也可以委托具有工程监理相应资质等级且与施工单位不存在隶属关系或者利害关系的该工程的设计单位实施监理服务。由实施监理服务的单位牵头召集并组织建设单位在项目实施过程中不定期开展现场施工质量检查、巡查和监督,确保施工质量管理体系落实到位。

③管养机构施工质量管理人员或监理单位应督促施工方建立健全质量管理机制,检查管理机构成员资格是否满足要求,配置是否齐全。

(2)施工前质量管理

①审阅工程合同、技术文件、相关报告,审查图纸是否完备、有无错漏空缺、设计与现场有无矛盾、设备参数是否齐全。应重点审查的技术文件主要包括工程合同,施工组织设计或专项方案,主要材料或设备的出厂合格证明、质检报告,

设计变更资料、图纸修订和技术核定书,新工艺、新材料、新技术、新结构的技术鉴定书。

②配备与工程相关的检测试验设备、仪器,逐条核实合同内关于报验、抽检、送检的方法、标准、次数等规定。

③做好设计技术交底,明确各分部分项工程和每阶段施工质量要求。

④提前准备监理、质量管理表格。

⑤审核开工报告并签批。

(3)施工中质量管理

①工序质量控制:

a.确定项目工序质量控制的主流程;

b.主动控制影响工序质量的有关因素;

c.及时开展关键工序质量检查,并对后续工序提出要求和整改措施。

②质量控制点管控:

a.对技术难度大、精度要求高的某一施工环节或工序,设置质量控制重点,重点管控操作人员、材料、设备以及施工方法和措施;

b.针对维护维修项目的特性,确定其施工过程中容易产生的质量通病和不合格工序,管养机构应提前联合监理和施工单位制订有效的应对措施进行质量管控;

c.对于新工艺、新材料、新技术,应作为质量控制重点加强施工质量的管控。

③质量控制检查:

a.作业人员检查,包括施工人员自检、班组内互检、施工项目管理人员巡检等;

b.施工单位管理人员日常施工质量检查、巡查;

c.监理单位、管养机构或政府质检部门的检查包含以下内容:

●主要材料、加工件、构配件、机电(智能化)设备的质检,检查其相应的合格证、出厂质检报告和质保书;

●隐蔽工程封闭前质量检查;

●分项工程质量检查及现场验收;

●分部工程质量检查及现场验收;

●单位工程质量检查及现场验收;

● 既有桥梁或市政设施成品保护检查。

（4）施工后质量管理

参照合同文本内的相应条款,维护项目施工后经参建各方竣工验收合格之日起算两年时间内(特殊工程除外,如屋面防水工程)为项目缺陷责任期,施工单位在此期间应承担其责任范围内缺陷修复、维护等工作,对项目工程质量负主要责任。

3）施工进度管理

①维护维修项目实施进度直接反映项目开展情况,进度管理应作为工程控制的关键点,是确保项目按期竣工、交工的重要措施。

②在项目立项阶段和技术要求编制阶段,管养机构桥梁管理部门和技术部门必须根据开展的维护维修项目特点、难度合理论证计划工期。

③在项目实施阶段,施工单位应根据计划工期要求,合理编制工期倒排计划表,经监理单位、管养机构审核后参照执行。监理单位及管养机构技术部门严格按照倒排计划检查考核施工进度,宜按项目长短开展周、月、季度检查。当实际进度与计划进度存在偏差时,参建各方应共同商议应对措施,及时纠偏。

④施工单位作为项目实施进度控制的主要责任单位,应在进场前充分考虑项目的实施难度,合理安排施工队伍、作业面、作业时间、工料资源分配等问题,保证按期完工。

⑤因施工单位原因造成的工期滞后,施工单位应及时采取纠偏措施。若因工期延误对建设单位造成损失,建设单位可索赔。

⑥因不可抗力或其他非施工单位原因造成的工期延误,施工单位应向监理单位或建设单位递交工程延期报告,经建设单位签批同意后方可延期开工或竣工。

4）施工安全、职业健康及环保管理

（1）施工安全管理机制及人员

①钢结构桥梁维护维修项目安全管理应由管养机构专门的安保部门进行统筹管理,管理人员应具备丰富的桥梁安全管理经验。

②需实行监理的养护维修项目,管养机构应委托具有相应资质等级的工程

监理单位实施监理服务,监理单位必须做好施工期间安全管理。施工期间出现违反安全规定的操作、行为,监理单位有权代建设单位行使整改权利,并下达整改通知书,施工单位限期完成整改。

③管养机构施工安全管理人员或监理单位应督促施工单位建立健全安全管理机制,检查安全管理成员资格是否满足要求,配置是否齐全。

（2）施工安全技术交底

①管养机构在开工前应组织参建各方召开管养机构级交底会,针对项目作业的操作规程、注意事项、安全风险点等进行交底。交底内容将以正式文件发文,参建各方确认签字后作为工程资料之一归档。

②项目正式进场前,维护维修项目开展的范围所对应的桥梁管理部门应对施工单位进行桥管处级交底,具体强调对应钢结构桥梁作业区域内特殊的注意事项及安全须知。对于交底内容,桥管处须形成内部资料,经参会人员共同签字后作为工程资料之一归档。

③完成前两级交底后,施工方项目负责人、技术负责人、安全负责人等管理人员必须对作业人员完成施工单位内部交底。对于交底内容,施工单位必须形成内部资料,经参会人员共同签字后作为工程资料之一归档。

④施工期间,施工单位每天施工作业开展之前,现场负责人必须对当天进场作业人员进行班前交底,留存影像资料,作为工程资料之一归档。

（3）施工安全检查

①安全检查的内容与分类如下:

a.定期安全检查。定期安全检查是指有固定检查时间规定、检查人员、检查方法、检查依据等的安全检查。检查内容主要包括:

- 安全生产条件、安全生产许可证、职业健康安全管理体系;
- 安全生产监管组织机构设置、专职安全员配置情况;
- 安全生产责任制、安全生产各项规章制度建立和实施情况;
- 施工企业负责人、项目负责人、专职安全员安全生产合格证书配备情况、作业人员安全生产培训教育情况、特种作业人员持证上岗情况;
- 安全生产费用提取、使用及落实情况;
- 项目施工许可证、安全生产报监、作业人员意外险、作业人员劳动用品使用情况;

- 危大工程专项方案编制、审核、论证、审批、实施和验收情况；
- 安全生产事故隐患、现场违章指挥、违规操作及违反劳动纪律情况；
- 安全生产隐患整治情况、施工安全日志、安全监督巡查记录填报及归档情况；
- 应急保障体系建立情况、应急预案编制和演练情况；
- 及时、如实上报安全生产事故和处置情况。

b. 不定期安全检查。不定期安全检查是指不规定检查时间、检查组人员组成，由职能部门和管理人员按管养机构安全生产责任制度要求，在其工作职责范围内，随时开展的安全检查。检查内容包括但不局限于定期安全检查内容，可以抽查其中的内容，也可以开展其他与安全生产挂钩的检查工作。

c. 特殊性安全检查。特殊性安全检查主要是针对气候特点、极端天气、不可抗力等可能随时对施工安全生产带来危害而组织并开展的安全检查，如高温季节、冬季、雨季、洪水季、风季、突发事故、突发不可抗力等。春季和雨季安全检查应以防雷、防坠落、防触电、防坍塌、防积水、防构筑物失稳为检查重点；夏季安全检查应以防暑降温、防坠落、防触电为重点；洪水季应以防大型漂浮撞击、防危险通航、防洪涝为重点。

d. 安全综合检查。安全综合检查是指由项目现场代表定期组织相关职能部门共同开展的综合性安全检查。

e. 专业性安全检查。专业性安全检查是指各职能部门分别针对安全防护措施、机械设备安全检查及维保、临时用电搭设、危化品存放、消防保卫、后勤卫生、职业健康、场地交通安全、作业区划分、员工安全教育生产培训等开展的专项检查。

②施工单位项目安全自主检查：

a. 施工单位项目部每周定期组织一次安全自查，由项目经理带队并组织项目部管理人员（副经理、总工程师、安全负责人、技术负责人、分包单位负责人等）参加，对项目生产、办公、生活等区域展开拉网式安全检查。

b. 项目经理按照合同要求，认真履行带班生产，牵头组织并协调工程项目的安全生产活动。项目部应建立现场负责人带班管理办法，确定排班计划并进行现场公示，带班管理应做好带班记录和交接班记录。项目的带班管理办法应符合管养机构规定。项目经理若在带班期间需离开施工现场时，应及时告知管养机构及监理单位,经批准后离开。离开期间,项目经理应将工作委托其他项目管理人员代为主持,交接手续做好记录留底。

c.项目安全监察负责人负责工程项目和分包单位分包项目每日的安全监督检查。

d.项目专职安全员,负责每日对本责任作业场所进行安全监督检查。班组内安全员,负责每日对班组作业区域进行安全监督检查。

e.项目部内部应指派专人负责对大型机械设备、脚手架、深基坑、地下暗挖、高大模板、大型吊装、拆除、爆破等危险性较大的分部分项工程进行旁站监督,及时发现并消除安全隐患。项目部自检过程中发现存在较大安全隐患或突发紧急情况时,有权下达局部停工整改令。

(4)安全验收管理

①项目部应建立健全安全防护用品、机械设备验收管理制度。项目实施期间,对到场的安全防护用品、机械设备进行检查并验收,未验收或验收不合格的用品、设施、设备一律不得投入使用。

②经专家评审论证通过后的超过一定规模的危险性较大工程,由项目部牵头组织参加各方开展验收工作,限期对验收中提出的问题进行整改。经整改验收合格后,方可开展后续作业。

(5)高危作业管理

①项目部应建立高危作业审批核准制度,主要包含的施工种类有高空、涉电、动火等危险作业。危险作业未经审批或不具备安全生产条件的,严禁开展施工作业。

②危险作业时,工区或作业面工程师应向项目部主管的安监管理部门提出作业申请,经批准后方可实施。项目部安监管理部门对危险作业活动宜实施连续监控。

③危险作业范围依据《危险性较大的分部分项工程安全管理办法》(建质〔2009〕87号)执行。

④危险作业面工程师在危险作业工序开始前至少1天提出申请,具体流程为:由负责危险作业面的工程师填写作业申请,交安监部门主管审核批准后实施,安监部门不定期持续开展作业面监控巡查并考核,完成危险作业面施工后进行资料归档。

⑤安监部门主管审核内容包括方案编制及审批资料、技术交底、安全技术交底、防护措施、作业人员职业健康及劳动防护用品配备情况、安全物资验收情况、施工机具、设备及安全装置安装及自检情况、特种人员配置及持证上岗情况、安全保护区设置及标识牌设立情况、监管人员配置及到岗情况、作业区域周边环境等。

（6）安全生产事故隐患治理与整改

安全生产事故隐患是指违反安全生产法律、法规、规章、标准、规程和安全生产管理制度等规定的行为，或者因其他因素导致施工生产活动中存在可能导致事故发生的物的危险状态、人的不安全行为和管理疏漏等。

①安监部门、建设单位、监理单位对存在安全生产事故隐患的，下达安全隐患整改通知书。若未按期整改到位，应下达安全隐患局部停工整改令。

②质检单位应建立安全生产事故隐患台账，指派专人定期按整改要求进行整改。

③安全生产事故隐患治理要求包括隐患共识、隐患问责、处罚督办、跟踪治理、事后教育、举一反三。

④质检单位对隐患治理情况要及时反馈到位，复查工作由上级主管部门分管安全生产的领导负责，安监部门负责人承办执行。

⑤安全生产监督检查的结果，必要时在一定范围内通报，按照规定对有关单位和人员给予奖惩。

（7）职业健康管理

①承包人严格按照法律法规安排现场施工人员的劳动和休息时间，保障劳动者应有的休息时间，并按时、准时支付合理的报酬和费用。发包人支付前，可要求承包人提供农民工工资支付承诺书。承包人应依法为其雇用的施工人员办理必要的证件、许可、保险等，同时应督促分包人为分包人所雇用的施工人员办理以上事项。

②承包人应依法确保现场施工人员的劳动作业安全，提供必要的劳动保护，并应按照国家有关劳动保护法律法规，在施工现场采取有效的防尘降尘、降噪、控制有害气体、防暑降温、防寒防冻及高空作业等劳动保护措施。承包人雇用的人员在施工中受到伤害的，承包人应立即采取应急救援措施，就近治疗。

③承包人应按法律法规合理调配、安排施工人员工休时间占比，保证每一位

雇用人员平等享有休息和休假的权利。因工程施工的特殊需要占用休假日或延长工作时间的,应不超过法律法规规定的限度,并按规定给予补休或补酬。

④承包人应为其雇用的施工人员配备必要的食宿条件,打造良好安全的生活环境。承包人应采取有效措施杜绝或预防传染病的发生,保证施工人员的职业健康,并定期对施工现场、人员生活场所进行防疫和卫生的检查和处理。距离城镇较远的施工场地,承包人应配备必要的医疗人员、设施、药品用于伤病处置。

(8)环境保护管理

①施工单位应在项目开工前编制施工组织设计,并列明环境保护的具体措施。在项目实施期间,施工单位应按照建设单位审批通过的施工方案采取环保措施,并接受建设单位的现场查验。若检查不合格,按要求限期完成整改。对作业过程中易出现扬尘、大气污染、水污染、噪声污染以及废物污染的作业面,应采取具有针对性、有效的防范措施。

②因承包人原因引起的环境污染而造成损失的,建设单位可按侵权损害进行索赔。因以上原因导致项目暂时停工的,由此增加的费用和延误的工期由承包人承担。

(9)特种设备使用的安全管理和监管

①常见特种设备主要包括悬挂式桥梁检查车、高空作业车、桥梁检修车、塔柱升降机等。

②维护管养工程项目实施过程中,涉及特种设备的使用,桥梁管理部门应当结合事由,首先提出使用申请,经管养机构职能部门审批通过后,批准使用。

③悬挂式桥梁检查车的操作使用人员,应为桥梁管理部门或专职部门经培训合格的人员。

④塔柱升降机、高空作业车及桥梁检修车的操作使用人员,应为具备国家认证的升降机、高空作业车、桥梁检修车操作证的人员,持证上岗。

⑤各类型特种设备原则上严禁由施工单位或其他外单位人员独立进行操作和使用。

⑥桥梁管理部门在特种设备使用过程中,应安排经安全培训后的管理人员,定期对特种设备上的现场人员进行安全监管,发现存在有安全隐患的违规操作,应令行禁止。

5）竣工验收管理

（1）验收依据

①上级主管部门审核、审批等相关文件。

②可行性研究报告、初步设计及批复。

③施工图设计及设计变更、洽商记录。

④合同。

⑤技术设备说明书。

⑥国家颁布的验收标准或现行的施工质量验收规范。

⑦其他工程竣工验收规定。

（2）验收条件

①钢结构桥梁工程项目承包人已完成合同内约定的全部施工内容。

②施工单位已对工程项目实施质量进行自检，确认工程质量符合法律、法规和工程建设强制性标准，符合设计文件及合同要求，并提出工程竣工报告。针对有监理的项目，竣工报告应经总监理工程师签字认可后，再报桥梁管养机构项目负责人审核签字。

③已汇编完整的工程项目技术档案资料、管理资料及影像资料，并已经相关负责人签字确认。

④涉及建设行政主管部门及委托的工程质量监督机构等相关部门责令整改的问题已全部整改完毕。正式验收前，针对项目预验收中存在的问题，已整改完成。

⑤对于委托监理的项目，应具有完整的监理资料。监理单位提出工程质量评估报告，该报告应经总监理工程师和监理单位有关负责人审核签字认可。未委托监理的项目，工程质量评估报告应由桥梁管养机构完成。

⑥勘察、设计单位对勘察、设计文件及施工过程中由设计单位签署的设计变更通知书进行检查，并提出质量检查报告。该报告应经项目勘察、设计负责人和各自单位有关负责人审核签字。

⑦如涉及规划、消防或环保单位验收的，需出具以上单位的验收认可文件。

⑧桥梁管养机构与施工单位签订的工程质量保修书。

⑨工程中使用的主材、主要设备、构配件的进场试验报告、合格证、质检报告

和功能性试验资料等。

⑩其他规定。

（3）验收职责和程序

①项目正式验收前,桥梁管养机构应负责组织预验收小组。该小组成员主要检查施工单位是否按照合同委托的工程内容完成施工,同时针对预验收过程中发现的缺陷问题,限期完成整改。待整改完成并经验收小组确认合格后,方可进入项目正式验收阶段。

②桥梁管养机构应负责组织竣工验收小组。验收小组组长应由桥梁管养机构法人代表或委托其他负责人担任。验收小组成员由管养机构上级主管部门或质监部门、管养机构项目负责人、管养机构现场代表、设计单位代表、勘察单位代表、施工单位主要管理人员、监理单位技术负责人或质量负责人组成。根据项目的特殊性,管养机构可邀请有关专家参加验收小组。

③验收小组负责审查工程建设的各个环节施工质量,听取各单位工作汇报,审阅工程档案资料,并对设计、施工、工程质量、进度做出全面的评价。对验收过程中发现的不合格的工程,不予验收;对不合格的问题提出具体解决意见,限期落实整改。

④施工单位对预验收、验收中存在的全部质量问题整改完毕后,方可向管养机构提交正式竣工报告(有监理单位,需监理单位总监理工程师先签字认可),申请竣工验收。

⑤管养机构收到竣工验收报告后,对符合竣工验收条件的工程组织验收小组,制订验收方案并开展验收有关工作。对于重大工程或技术难度复杂的工程,可根据项目特殊性邀请有关专家加入验收小组,一并参与验收。

⑥桥梁管养机构应在收到竣工验收报告7个工作日前将验收时间、地点及验收名单书面通知负责监管工程的工程质监机构(若有)。

⑦桥梁管养机构组织参加各方参加竣工验收会,到场验收人员签署工程竣工验收意见,最终由组织方出具正式验收报告,并于验收合格之日起进入质保期。

（4）验收的其他规定

①工程竣工验收后,管养机构出具的验收报告应包含工程概况、合同执行情况、工期完成情况、验收时间、总体评价、缺陷责任期及质保金约定,工程结算约

定及其他验收内容。

②针对新建项目、报建项目、特大专项项目等,桥梁管养机构应当自工程竣工验收合格之日起 15 日内向工程所在地的县级及以上地方人民政府建设主管部门备案。

③桥梁管养机构应督促施工单位认真贯彻落实缺陷责任期约定,加强钢结构桥梁养护维修工程缺陷责任期内的质量检查工作。如发现质量缺陷,及时按合同条款约定履行职责,及时处置。

6)工程档案管理

(1)竣工资料归档要求

①施工单位递交的工程资料(工程技术文件、往来文件、图纸、影像资料等)应由专门的资料员统一接收。

②移交或通过其他途径收到的工程文件、资料等,一律应由专门的资料员保管,并做好收存登记。

③对于接收的工程资料,管养机构资料管理人员必须进行数量和外观(涉及密封性的资料文件)质量检查,发现问题应及时通知寄件、交件单位整改。

④资料管理人员应及时建立工程资料登记台账及分类台账。

⑤对于资料内容不符合要求的,资料管理人员有权退回递交单位。递交单位应按要求进行整改,直至递交符合要求的资料用于归档。

⑥涉及工程结算、工程变更结算、工程款支付等内容,付款条件必须是在资料管理人员及所在部门审核通过该项目资料后。

⑦钢结构桥梁养护工程档案资料应在工程项目竣工验收一个半月内由施工单位向管养机构提交完整、准确且经参建各方负责人签章完成后的工程技术档案资料。

⑧凡归档的工程资料,如不符合有关规定和标准,资料管理人员有权不予接受。

(2)工程资料档案管理

①资料管理部门和专人应及时将收集的工程资料、图纸、影像记录等,整理归类、编制目录、装订成册。在归档管理过程中,严格制订并执行接收、查阅、出借、归还的登记制度。

②归档资料应完整、准确、系统。

③资料分类存放,应按"一桥一档"分门别类,在相应的档案盒上贴上外标签,以便查阅。

④档案柜应具备防潮、防尘、带锁等功能。档案室内外严禁烟火,并应加强防火、防盗,切勿铺地毯。

⑤归档资料每半年、年应清理核对,如有遗失、损毁,要究其原因,落实责任人,并及时采取补救措施处理。

9 桥梁智慧化管理

桥梁智慧化管理是通过各种监测及信息化系统,实时感知桥梁运营状态,对所感知数据自动关联分析、综合利用,以实现管养过程数字化、管养记录标准化、运作监督程序化、管养策略科学化。桥梁管养部门应通过现代科技手段建立桥梁信息化、智能化管理平台规范管理桥梁养护工作,主要包括但不限于以下系统及功能:

①桥梁结构监测系统:在桥梁关键部位布设各种传感设备,实时监测桥梁结构关键部位信息,分析评估结构状态,发现危险状态实时预警。

②巡检信息化系统:规范巡检过程,提高巡检效率,使巡检结果数据标准化管理。巡检数据与桥梁结构监测系统综合分析,全面掌握桥梁运营状态。

③超限及危化品车辆监测系统:实时对可能带来桥梁运营造成危害的超重车辆、超高车辆、危化品车辆进行监测,及时发现并预警、引导安全通行,尽可能避免危害发生。

④视频监控智能分析系统:通过视频监控画面自动识别通行车辆异常停车、逆行等情况及人员周界入侵检测,达到自动发现交通异常状况、第一时间自动报警提示的目的。

⑤红外报警及门禁系统:实时监测桥梁重点区域人员进出情况,实现远程控制、查看进出口的开关状态。

⑥电力监控系统:掌握桥梁电力回路实时情况,对桥梁电力运行状况进行24 h 不间断监控,可第一时间研判电力故障,为应急事件处置提供实时效果反应,提高应急事件的处置能力。

桥梁管养部门应建立统一、综合的结构化数据库,对检测数据、监测数据、养护数据、评价数据、计划数据和工程数据等数据及管养操作进行长周期管理。

9.1 智能化系统日常管理与维护

智能化系统日常管理与维护应符合以下规定：

①桥梁管养单位应建立智能化系统的日常管理与维护制度，明确管理与维护目标、责任人与具体职责。

②桥梁管养单位应设专人管理各类智能化系统，协调养护、机电、专业机构等人员开展系统的日常检查、定期检查、系统维护等工作。检查人员应具备对智能化系统软硬件日常检查常识，能够按照系统维护手册开展检查工作，发现故障应及时处理。

③建立系统日常检查与维护台账，记录系统运行与维护情况。台账中应包括检查时间、检查人、检查内容、发现、维护情况等。

④桥梁管养单位宜委托专业机构开展智能化系统的定期检查和维护工作。系统定期检查与维护应包括硬件设备及系统软件的运行情况检查、数据完好性检查、数据库状态检查等。

9.2 智能化系统管理

智能化系统管理包括数据管理、系统使用、系统维护、系统安全4个方面的内容。

1）数据管理

数据管理应符合下列规定：

①数据采集内容应包括基础数据、桥况数据、管理数据等。桥梁信息应根据检查、养护情况及时更新。

②录入的数据应对完整性、异常值和拓扑关系等进行核查。有条件时，宜由数据库自动运行核查功能。对发现的问题，应进行甄别和修改处理。

③应建立数据采集、更新和管理制度，以保证数据库中数据的及时性和有效性。数据采集内容应包括基础数据、运营数据、管理数据等。所有数据应根据实际情况及时更新。

2）系统使用

系统使用应符合下列规定：

①应对系统中的长期大量信息数据统计、加工分析,进行长期性能预测、养护需求分析、养护决策分析。

②桥梁长期性能预测、养护需求分析、养护决策分析的方法应满足现行颁布的规范、标准、指南等规定要求。

3)系统维护

系统维护应符合下列规定:

①钢结构桥梁智能化系统数据库数据宜定期备份。

②钢结构桥梁智能化系统动态数据更新宜不超过 1 个月。

③系统出现软件故障或硬件设备损坏应及时修复处理。

4)系统安全

系统安全应符合下列规定:

①系统的安全等级应按照《信息安全技术网络安全等级保护基本要求》(GB/T 22239—2019)进行建设和部署。

②系统中涉密数据的管理和使用应遵循国家相关法律法规的要求。

随着信息技术的飞速发展和进步,应确保智能化系统的正常运行和必要升级,并对系统进行参数更新,以满足桥梁智慧化管理的需要。